Die Sigmund-Freud-Vorlesungen, Band 3

Ilse Grubrich-Simitis
Freuds Moses-Studie als Tagtraum

Die Sigmund-Freud-Vorlesungen
herausgegeben von
Dieter Ohlmeier
Band 3

Ilse Grubrich-Simitis

Freuds Moses-Studie als Tagtraum

Ein biographischer Essay

Verlag Internationale Psychoanalyse
Weinheim 1991

Herausgeber der Sigmund-Freud-Vorlesungen:
Professor Dr. Dieter Ohlmeier, Frankfurt

Die Deutsche Bibliothek – CIP-Einheitsaufnahme

Grubrich-Simitis, Ilse:
Freuds Moses-Studie als Tagtraum : [die Sigmund-Freud-Vorlesung wurde am 17. November 1989 in der Aula der Johann-Wolfgang-Goethe-Universität zu Frankfurt gehalten] / Ilse Grubrich-Simitis. – Weinheim : Verl. Internat. Psychoanalyse, 1991
  (Die Sigmund-Freud-Vorlesungen ; Bd. 3)
  ISBN 3-621-26533-3
NE: Sigmund-Freud-Vorlesung: Die Sigmund-Freud-Vorlesungen

Alle Rechte, auch die des Nachdruckes, der Wiedergabe in jeder Form und Übersetzungen in andere Sprachen behalten sich Urheber und Verleger vor. Es ist ohne schriftliche Genehmigung des Verlages nicht erlaubt, das Buch oder Teile daraus auf fotomechanischem Weg (Fotokopie, Mikrokopie) zu vervielfältigen oder unter Verwendung elektronischer bzw. mechanischer Systeme zu speichern, systematisch auszuwerten oder zu verbreiten (mit Ausnahme der in den §§ 53, 54 URG ausdrücklich genannten Sonderfälle).

Umschlagentwurf: Dieter Vollendorf, München
Herstellung: Rainer Kusche, Sinzheim
Satz: Satz- und Reprotechnik GmbH, Hemsbach
Druck und Bindung: Druckhaus Beltz, Hemsbach
Printed in Germany
© Verlag Internationale Psychoanalyse 1991
ISBN 3-621-26533-3

Die Sigmund-Freud-Vorlesung wurde von
Ilse Grubrich-Simitis am 17. November 1989 in der Aula der
Johann Wolfgang Goethe-Universität in Frankfurt gehalten.

Die in einjährigem Turnus stattfindende Vorlesungsreihe
wird von der Sigmund-Freud-Stiftung, gemeinsam mit dem
Sigmund-Freud-Institut Frankfurt und dem Institut für
Psychoanalyse am Fachbereich Psychologie der Universität
Frankfurt, veranstaltet.

Inhalt

Laudatio   1
DIETER OHLMEIER

*

Freuds Moses-Studie als Tagtraum   7
ILSE GRUBRICH-SIMITIS

*

Anhang   77
Beschreibung der Moses-Handschriften

*

Bibliographie   105

*

Verzeichnis der Abbildungen   110

*

Aus den Veröffentlichungen
von Ilse Grubrich-Simitis   111

Laudatio

DIETER OHLMEIER

Herr Präsident,
meine Damen und Herren,

mir fällt zu, die Laudatio auf unsere diesjährige Sigmund-Freud-Rednerin zu halten, Frau Ilse Grubrich-Simitis, Psychoanalytikerin aus Frankfurt. Auch ohne das Dekorum, das Begleitgeklingel hochmögender Titel oder Positionen, vielmehr geradezu durch die Abwesenheit solchen Beiwerkes ausgezeichnet, handelt es sich bei ihr um eine der hervorragenden Persönlichkeiten der Psychoanalyse in Deutschland. Sie, in der Reihe unserer Frankfurter Sigmund-Freud-Vorlesungen in der Nachfolge Harald Leupold-Löwenthals und Otto Kernbergs, als diesjährige Rednerin zu gewinnen, ist deswegen eine besondere Freude, auch wenn die Aufforderung zu öffentlicher Rede und Darstellung eine nahezu schmerzhafte Zumutung bedeuten könnte für einen Menschen, dessen Beschäftigung mit Texten, dem Umgang mit Manuskripten anderer und mit den eigenen Werken, der leidenschaftlichen Einsamkeit entspricht, wie sie auch dem psychoanalytischen Prozeß selbst eigentümlich ist.

In diesem Jahr gedenken wir des 50. Todestages Sigmund Freuds, und in Frau Grubrich-Simitis ehren wir die Person, die hierzulande am meisten dafür getan hat, das Werk Freuds editorisch-verlegerisch zu reetablieren. Sie ist die einzige deutsche Analytikerin, die mit der Freud-Familie eng zusammengearbeitet hat – zu einer Zeit, als noch große Skepsis bestand, mit deutschen Psychoanalytikern Verbindung aufzunehmen. So kam es, neben zahlreichen anderen Publikationen, zur Mitarbeit und Herausgeberschaft an der Studienausgabe von Freuds Werken, gemeinsam mit Thure von Uexküll zur Herausgabe der Reihe „Conditio humana", in der u. a. eine Ferenczi- und eine Abraham-Ausgabe erschienen, und 1987, in Zusammenarbeit mit Angela Richards, zur Edition des Nachtragsbandes zu den Gesammelten Werken Sigmund Freuds. Die frühe Beschäftigung von Frau Grubrich-Simitis mit der Geschichte der Psychoanalyse ist ferner in ihren Bernfeld-Veröffentlichungen dokumentiert. Mit Ernst Freud und Lucie Freud gab sie bereits 1976 den Band „Sigmund Freud: Sein Leben in Bildern und Texten" heraus, der jüngst in 4. Auflage erschienen ist und in viele Sprachen übersetzt wurde. Das gilt ebenso für das Buch „Übersicht der Übertragungsneurosen", in dem sie 1985 ein bisher unbekanntes, von ihr aufgefundenes Freud-Manuskript veröffentlichte und in dem Essay „Metapsychologie und Metabiologie" kommentierte und interpretierte. Für ihre Beiträge zur Psychoanalyse und zur Freud-Forschung wurde sie vom New York Psychoanalytic Institute mit der Einladung zur „Thirty-Seventh Freud Anniversary Lecture" ausgezeichnet, die sie am 28. April 1987 in der Academy of Medicine über das Thema „Trieb oder Trauma – Trauma und Trieb" gehalten hat.

Die Veröffentlichungen von Frau Grubrich-Simitis belegen, daß hier Texte und Bücher wie menschliches Leben bewahrt und gepflegt worden sind – in Umkehrung des Heineschen Worts: „Wer Bücher verbrennt, verbrennt auch Menschen": Wer Bücher lebendig macht und lebendig hält, hält Menschen am Leben. So ist auch im Rahmen ihrer klinischen Arbeit die Wahl der Forschungsthemen unserer heutigen Rednerin kein Zufall. Sie beschäftigte sich schon in den siebziger Jahren mit dem Thema der „Extremtraumatisierung als kumulatives Trauma – Psychoanalytische Studien über seelische Nachwirkungen der Konzentrationslagerhaft bei Überlebenden und ihren Kindern" (1979) sowie mit „Gedanken zur psychoanalytischen Arbeit mit Nachkommen der Holocaust-Generation", die sie mit dem Obertitel „Vom Konkretismus zur Metaphorik" 1984 veröffentlichte.

Menschliches Leben, und das heißt das Leben oder Überleben des Geistes und der Seele auch nach schlimmsten Verschüttungen und Verwundungen, wieder zu erwecken, sichtbar zu machen, mitzuteilen – das können wir als Lebensziel der Psychoanalytikerin bezeichnen, die jetzt zu uns sprechen wird.

Freuds Moses-Studie als Tagtraum

Ilse Grubrich-Simitis

Vorbemerkung

Den Kern dieses Essays bildet die Frankfurter Sigmund-Freud-Vorlesung, die ich am 17. November 1989 in der Aula der Johann Wolfgang Goethe-Universität gehalten habe. Die Veranstalter hatten seinerzeit den Wunsch geäußert, ich möge mit dem Thema – im fünfzigsten Todesjahr des Begründers der Psychoanalyse – an meine Freud-Editionsarbeit anknüpfen. Für mich war es ein willkommener Anlaß, einer Frage nachzugehen, die sich mir vor einiger Zeit gestellt hatte: im Zusammenhang eines langjährigen Studiums der überlieferten Handschriften Freuds, dessen Ergebnisse ich demnächst veröffentlichen werde, befaßte ich mich auch mit den Manuskripten des Spätwerks *Der Mann Moses und die monotheistische Religion* (1939); dabei waren mir einige Besonderheiten aufgefallen, die ich untersuchen wollte.

Während der Arbeit an der Vorlesung erkannte ich erst allmählich in vollem Umfang, mit einem *wie* untypischen Werk ich mich befaßte. Von den anderen, auch den späten Schriften Freuds unterscheidet es eine seltsame Brüchigkeit. Bei der Bemühung, diese zu verstehen, ergab sich unversehens die Notwendigkeit eines psychoanalytischen Deutungsversuchs, also der Anwendung der Freudschen Methode auf ein Freudsches Werk. Zu meiner Überraschung stellte sich dabei heraus, daß allem Überfluß an biographischer Literatur zum Trotz der alte Freud fast so unbekannt ist wie der frühkindliche und daß die Moses-Studie gleichsam als Prisma wirken kann, durch dessen Brechung sich ein dunkelglühendes Spektrum auffächert, das Anfang und Ende von Freuds innerem Leben erhellt und verbindet.

Zunächst hatte ich bloß einen Vergleich zwischen Manuskript und Druckfassung anstellen und über die Abweichungen nachdenken wollen. Was bei dieser Textanalyse wie nebenbei entstand, habe ich eigentlich erst den Reaktionen auf meine Vorlesung entnommen – ein im wesentlichen *biographischer* Essay; darin sei nicht nur ein Stück Alterspsychologie enthalten, sondern auch die Skizze eines in mancher Hinsicht anderen Freud-Bildes; der alte Mann beeindrucke nicht nur durch die reflexive Kraft der Bewältigung und theoretischen Verarbeitung einer letzten eigenen Krise, sondern vor allem durch seine Zerrissenheit; in welchem Maße die Selbstanalyse tatsächlich zeitlebens eine Hauptquelle des Werks geblieben sei, beginne sich klarer abzuzeichnen. Diese Reaktionen haben mich dazu ermutigt, die frühere Version meiner Vorlesung[1] mit

---

[1] ‚Freuds Moses-Studie als Tagtraum; Manuskript, Text, Deutung', in: *Psyche*, Bd. 44, Juni 1990, S. 479–515.

dem Ziel einer Verdeutlichung dieser Skizze zu revidieren und zu erweitern. Im Anhang findet der Leser außerdem eine zusammenhängende Beschreibung der Moses-Handschriften, von denen meine Überlegungen ausgegangen waren.

Erneut möchte ich Marion Palmedo danken, die 1987/88 größere Partien der Moses-Handschriften für mich transkribiert hat. Mein Dank gilt ebenso Ingeborg Meyer-Palmedo für ihre Unterstützung meiner Arbeit und für mancherlei Transkriptionshilfe. Karin Schlapp ist die sorgsame Abschrift meines Manuskripts zu danken. Mark Paterson (Sigmund Freud Copyrights), Judith Dupont und der S. Fischer Verlag haben freundlicherweise die Erlaubnis gegeben, aus einigen unveröffentlichten Dokumenten des Freud- und des Ferenczi-Nachlasses zu zitieren.

Im September 1990   *Ilse Grubrich-Simitis*

I

Freud war kein Autor, der für die Schublade schrieb. Er schrieb, um zu publizieren. So sehr er stets darauf achtete, daß seine Werke auf dem Buchmarkt zugänglich blieben, so wenig interessierten ihn deren Vorstadien. Kaum daß er die Druckfassung in Händen hielt, warf er seine handschriftlichen Papiere fort. Erst seit 1914 gewöhnte er sich daran, seine Niederschriften aufzubewahren, allerdings nur weil man ihn darauf aufmerksam gemacht hatte, sie könnten einmal Taschengeld für seine Enkel ergeben (E. Freud u.a., 1976, S. 303). Die nahezu korrekturfreien Manuskriptblätter mit ihrem ebenmäßigen Zeilengespinst sind von ungewöhnlicher Schönheit. Tatsächlich handelt es sich fast durchgehend um die Reinschriften, also jeweils die Endfassung.

In einer derart klassischen Manuskriptlandschaft auf einen zerklüfteten Steinbruch zu stoßen, ist demnach überraschend. Gemeint sind die handschriftlichen Hinterlassenschaften von Freuds letztem Buch *Der Mann Moses und die monotheistische*

Religion (1939), das er im Londoner Exil, nicht lange vor seinem Tode, vom Amsterdamer Verlag Allert de Lange veröffentlichen ließ. Anfang 1988 habe ich diese Manuskripte durchgesehen, nicht zuletzt weil ich mich für jene „erste Fassung" interessierte, welche die Herausgeber der *Gesammelten Werke* bereits 1941 in ihrem Vorwort zum siebzehnten Band als einen erhalten gebliebenen Text erwähnt hatten, der vielleicht zu „einem späteren Zeitpunkt der Öffentlichkeit übergeben werden" könne (A. Freud u. a., 1941, S. IX). Wie aus Freuds Briefen bekannt, lautete der Titel dieser aus dem Jahre 1934 stammenden Version *Der Mann Moses; Ein historischer Roman*. Nicht zuletzt der eigentümliche Untertitel hatte seit langem einen Reiz auf mich ausgeübt; ich wollte prüfen, worin sich die Frühversion von der von Freud veröffentlichten Fassung unterscheidet.

Damals vermutete ich, die Moses-Manuskripte würden, dem beschriebenen Usus entsprechend, einerseits die Reinschrift der Druckfassung und andererseits die Handschrift eben jener verworfenen Frühversion umfassen. Es stellte sich dann heraus, daß sie tatsächlich zugleich mehr und weniger enthalten als erwartet: wie im Anhang näher beschrieben, ist vom dreiteiligen historischen Roman, außer dem Inhaltsplan, lediglich der erste Teil vorhanden; von den drei Abhandlungen der Druckfassung liegen nur von der zweiten und dritten die Reinschriften vor; die der ersten fehlt. Hingegen gibt es von einigen Passagen der dritten Abhandlung, die nach Freuds eigenem Urteil „das eigentlich Anstößige und Gefährliche" enthält (1939, S. 550), zusätzlich ein Entwurfsmanuskript. Es handelt sich um Vorfassungen jener Abschnitte des ersten Teils, in denen Freud seine religionspsychologische und religionsgeschichtliche Konstruktion über Entstehung und Wirkung des Monotheismus in Analogie setzt zur Ätiologie der Neurose, also Phänomene der Massenpsychologie mit solchen der Individualpsychologie parallelisiert und bei der Erörterung der Frage, worauf Überzeugungswucht und Zwangscharakter sowohl der religiösen Glaubensvorstellungen als auch der pathogenen Phantasien letzten Endes zurückzuführen seien, den Begriff des *Traumas* ins Zentrum rückt.

Das meines Wissens bisher unbeachtet gebliebene Entwurfsmanuskript zeigt nicht bloß mancherlei Unterschiede im Vergleich zur Reinschrift. Auf fünf Seiten sind am Schluß überdies Stichworte für Nachträge angefügt, von denen Freud dann nur wenige Punkte im uns geläufigen zweiten Teil der publizierten dritten Moses-Abhandlung aufgegriffen hat.

Wie in einem Selbstgespräch beginnt er mit dem resignativen Satz[1]: „Zu alt und zuviel wissenschaftlich gearbeitet, um zu glauben, daß ich Problem der Religion voll gelöst habe. Weiß, daß hier wie anderswo nur Beitrag ist, hoffentlich wichtiger, bisher

---

[1] Bei der Wiedergabe von Auszügen aus den unveröffentlichten Manuskripten habe ich, wenn nicht anders vermerkt, Abkürzungen aufgelöst – stillschweigend, wo dies zweifelsfrei geschehen konnte, wo nicht, in spitzen Klammern. Sonstige Hinzufügungen meinerseits stehen in eckigen Klammern. Orthographie und Interpunktion wurden behutsam modernisiert.

fehlender Beitrag." Mitunter scheint Freud sich von den Themen der Moses-Studie zu entfernen und gewissermaßen freischwebend über zukünftige Entwicklungen der psychoanalytischen Theorie nachzudenken. Er kritisiert die „einseitige Bevorzugung" der „sogenannten ökonomischen Momente". Die „mehr objekt⟨alen⟩ Triebe" seien nicht zu vergessen, „da [der] andere Mensch beides sein kann, Sexualobjekt [und] Feind-Helfer". Und etwas weiter heißt es: „Triebdiskussion gehört zusammen mit Kritik der ökonomischen Einseitigkeit". Offenbar sollte diese Triebdiskussion auf eine abermalige Revision der Triebklassifikation hinauslaufen.

Die Stichworte befassen sich auch mit dem Thema der Triebeinschränkung: „Fortschreitende Triebeinschränkung begleitet, bedingt ja [die] Entwicklung der Kultur." Kultur impliziere deshalb zwangsläufig die „Versuchung zur Regression". Die Schwäche der Verdrängung entspreche dem Maß der herrschenden Versagung. Das „gesündeste" Maß an Triebeinschränkung sei „noch nicht gefunden". Als Anhänger der Evolutionstheorie des neunzehnten Jahrhunderts mit ihrer Auffassung eines passiven Adaptionismus formuliert Freud seine Verwunderung darüber, wie es zu derartigen „Unstimmigkeiten" zwischen Triebwünschen einerseits und Realitätsanforderungen andererseits kommen konnte, da doch der psychische Apparat phylogenetisch sich in Anpassung an die „Ansprüche der Realität" entwickelt habe. Seine Antwort: diejenige Realität, die einst die Menschwerdung erzwang und das organische Substrat der Psyche hervorbrachte, gibt es nicht mehr; aber die „Triebe sind wie alles

Organische konservativ, bleiben auf die frühere Realität eingestellt". Das „Organische [...] stirbt an seiner Vergangenheit". Und: das „Organ⟨ische⟩ [ist] überhaupt bereit zur Selbstzerstörung".

Ich kann hier nicht weiter auf diese gedrängten, offensichtlich höchst aktuellen Notate eingehen.[2] Erforschung und Bearbeitung der zwischen 1934 und 1938 entstandenen Moses-Manuskripte sowie ihre Veröffentlichung sind eine Aufgabe der Zukunft, eine schwierige, aber auch reizvolle im Projekt einer historisch-kritischen Edition des Œuvres. Die Frage, die sich mir beim ersten Durchsehen der Handschriften gestellt hatte, lautete: Warum hat der Autor, entgegen seiner Gewohnheit, als 1939 das Buch vorlag, die Manuskripte, bis auf die Reinschrift, nicht vernichtet? Wenn ich mir die gedruckte Fassung vergegenwärtigte, konnte ich allerdings weiterfragen: Warum hat er diesen Text überhaupt veröffentlicht, der doch gleichfalls das Bruchstückhafte der Manuskripte zeigt, ein Dokument der Überforderung und des partiellen Scheiterns, und zwar, im Kanon des Freudschen Werks einzigartig, sowohl formal als auch inhaltlich?

Im Gegensatz zur sonst selbstverständlichen Ausgewogenheit seiner Textkompositionen hat Freud in der Druckfassung seiner Moses-Studie drei Abhandlungen von geradezu exzentrischer Umfangverschiedenheit aneinandergereiht: die zweite ist ungefähr viermal, die dritte zehnmal so lang wie die erste. Im Unterschied zu seinen anderen Büchern steht am Anfang keinerlei Vorwort. Hingegen wird

---

[2] Einige weitere Angaben im Anhang, S. 99ff.

die dritte Abhandlung von zwei Vorbemerkungen eingeleitet, einer „Vor dem März 1938" in Wien und einer „Im Juni 1938" in London verfaßten; und nicht weit vom Buchende entfernt findet sich eine Zusammenfassung, die eigentlich eine dritte Vorrede ist. Diese Vorwort-Besonderheit mag unmittelbar mit der Veröffentlichungsgeschichte zusammenhängen: die erste und die zweite Abhandlung hatte Freud nämlich 1937 nacheinander noch in Wien in seiner Zeitschrift *Imago* erscheinen lassen, so daß in der Buchausgabe nur die dritte Abhandlung erstmals an die Öffentlichkeit gelangte und dem Autor deshalb besonderer Einleitung bedürftig erschien.[3]

Die dritte Abhandlung zeigt denn auch die inhaltlichen Mängel des Buches am aufdringlichsten. Wiederholungen lassen die Argumentation zirkulieren. Passagen, in denen sich der Autor hemmungslos von seinem spekulativen Gedankenflug und seiner Fabulierlust fortreißen läßt, stehen unvermittelt neben spröd-präzisen Auseinandersetzungen mit den Auffassungen wissenschaftlicher Autoren. Doch wirkt dergleichen eher wie pflichtmäßiges akademisches Ritual, greift nicht, denn Freud läßt sich, auch

---

[3] Wie im Anhang näher beschrieben, liegt bei den Moses-Handschriften eine Inhaltsskizze, aus der hervorgeht, daß Freud, noch in London, zunächst erwog, auch dieses dritte Stück, versehen mit den beiden Vorbemerkungen, *separat* zu veröffentlichen. Die Idee, die beiden bereits publizierten Abhandlungen einzubeziehen, scheint ihm erst später gekommen zu sein. Denkbar also, daß ein Teil der formalen Unebenheiten auf diese im Vorbereitungsprozeß spät getroffene Entscheidung zurückzuführen ist, alle drei Abhandlungen im Buch zu vereinigen.

wenn er abweichende Ansichten der Fachleute nicht zu entkräften vermag, keineswegs von seinen Lieblingsthesen abbringen, schmückt sie vielmehr mit suggestiven Schlußketten nur um so prächtiger aus. Assoziativ kann er vom Hundertsten ins Tausendste gelangen, und mitunter scheint der Faden abzureißen.

Freud war sich dieser Mängel sehr wohl bewußt und ist nicht nur in seinen Briefen immer wieder darauf zu sprechen gekommen. Auch im Buch selbst unterstreicht er, daß seine Folgerungen lediglich auf *psychologischen* Wahrscheinlichkeiten beruhten und eines *objektiven* Beweises entbehrten. „Keine noch so verführerische Wahrscheinlichkeit schütze vor Irrtum; selbst wenn alle Teile eines Problems sich einzuordnen scheinen wie die Stücke eines Zusammenlegspieles, müßte man daran denken, daß das Wahrscheinliche nicht notwendig das Wahre sei und die Wahrheit nicht immer wahrscheinlich. Und endlich sei es nicht verlockend, den Scholastikern und Talmudisten angereiht zu werden, die es befriedigt, ihren Scharfsinn spielen zu lassen, gleichgültig dagegen, wie fremd der Wirklichkeit ihre Behauptung sein mag" (1939, S. 468). Die kompositorische Disharmonie nennt Freud rundweg „unkünstlerisch", beteuert, daß er sie uneingeschränkt mißbillige (a. a. O., S. 550).[4]

---

[4] In einer nicht in die Druckfassung übernommenen Passage der Reinschrift der dritten Abhandlung (Handschrift Seite 52) notierte Freud, die „Schwierigkeiten des Themas" hätten seine „Kunst zur konstruktiven Darstellung einer Probe unterworfen, der sie nicht gewachsen" gewesen sei. Diese Stelle fiel dann einer Revision des Textauf-

Wenn er sich trotz alledem nicht davon abhalten ließ, seine Überlegungen nicht nur niederzuschreiben, sondern schließlich zu veröffentlichen und die Vorbereitungsmanuskripte aufzubewahren, so muß es dafür wahrlich zwingende Gründe gegeben haben.

---

baus zum Opfer, als, wie wiederum im Anhang ausführlicher erläutert, Freud sich entschied, dem ersten Teil der dritten Abhandlung nicht bloß Nachträge, sondern einen eigenen zweiten Teil folgen zu lassen.

II

Ehe von ihnen die Rede sein soll, sei Freuds Hauptgedankengang kurz in Erinnerung gerufen. Die prägnanteste Zusammenfassung der Moses-Studie hat der Autor selbst in einem Brief an Lou Andreas-Salomé gegeben, als er noch davon ausging, auf die Veröffentlichung zu verzichten. Es heißt dort über diese Arbeit (Freud, 1966, S. 222 ff.): „Sie ging von der Frage aus, was eigentlich den besonderen Charakter des Juden geschaffen hat, und kam zum Schluß, der Jude ist eine Schöpfung des Mannes Moses. Wer war dieser Moses und was hat er gewirkt? Das wurde in einer Art von historischem Roman beantwortet. Moses war kein Jude, ein vornehmer Ägypter, hoher Beamter, Priester, vielleicht ein Prinz der königl. Dynastie, ein eifriger Anhänger des monotheistischen Glaubens, den der Pharao Amenhotep IV so um 1350 v. Chr. zur herrschenden Religion gemacht hatte. Als nach dem Tode des Pharaos die neue Religion zusammenbrach und die 18te Dynastie erlosch, hatte der hochstrebende Ehrgeizige all seine Hoffnungen verloren, beschloß das Vaterland zu verlassen, sich ein neues Volk zu schaffen, das er in der großartigen Religion seines Meisters erziehen wollte. Er ließ sich zu dem semitischen Stamm herab, der seit den Hyksoszeiten noch im Lande verweilte, stellte sich an ihre Spitze, führte sie aus dem Frondienst in die Freiheit, gab ihnen die vergeistigte Atonreligion und führte als Ausdruck der Heiligung wie als Mittel zur Absonderung die Beschneidung bei ihnen ein, die bei den Ägyptern und nur bei ihnen heimische Sitte war. Was die Juden später von ihrem Gott Jahve rühmten, daß er sie sich zu seinem Volke ausgewählt und aus Ägypten befreit, traf wörtlich zu für Moses. Mit der Erwählung und dem Geschenk der neuen Religion schuf er den Juden."

Freud fährt dann fort: „Dieser Jude vertrug den anspruchsvollen Glauben der Atonreligion so wenig wie früher der Ägypter. Ein christlicher Forscher *Sellin* hat es wahrscheinlich gemacht, daß Moses wenige Jahrzehnte später in einem Volksaufstand erschlagen und seine Lehre abgeworfen wurde. Gesichert scheint, daß der aus Ägypten zurückgekehrte Stamm sich später mit anderen verwandten vereinigte, die im Lande Midian (zwischen Palästina und der Westküste von Arabien) wohnten und dort die Verehrung eines auf dem Berge Sinai hausenden Vulkangottes angenommen hatten. Dieser primitive Gott Jahve wurde der Volksgott des jüdischen Volkes. Aber die Mosesreligion war nicht ausgelöscht, eine dunkle Kunde war von ihr und ihrem Stifter geblieben, die Tradition verschmolz den Mosesgott mit Jahve, schrieb ihm die Befreiung aus Ägypten zu und identifizierte Moses mit Jahvepriestern aus Midian, die den Dienst *dieses* Gottes in

Israel eingeführt hatten. In Wirklichkeit hat Moses den Namen Jahves nicht gekannt, die Juden sind nie durch das Rote Meer gegangen, nie am Sinai gewesen. Jahve hatte für seine Anmaßung auf Kosten des Mosesgottes schwer zu büßen. Der ältere Gott stand immer hinter ihm, im Laufe von 6−8 Jahrhunderten war Jahve zum Ebenbild des Mosesgottes verändert worden. Als halb erloschene Tradition hatte die Religion des Moses sich endgültig durchgesetzt. Dieser Vorgang ist für die Religionsbildung vorbildlich und war nur die Wiederholung eines früheren. Die Religionen verdanken ihre zwingende Macht der *Wiederkehr des Verdrängten*, es sind Wiedererinnerungen von uralten, verschollenen, höchst effektvollen Vorgängen der Menschengeschichte. Ich habe das schon in Totem und Tabu gesagt, fasse es jetzt in die Formel: Was die Religion stark macht, ist nicht ihre *reale*, sondern ihre *historische* Wahrheit."

Freud spielt hier, für Lou Andreas-Salomé ohne weiteres verständlich, auf seine spekulative Theorie von der Ermordung des Urvaters in der prähistorischen Familie an, auf welche Tat er die Entstehung des Totemismus, des Inzesttabus, des Schuldgefühls, kurzum, die Anfänge der Kultur zurückgeführt hatte. Mit anderen Worten: die monotheistischen Religionen – und Freud bezieht das Christentum in seine Reflexionen ein – wirken so machtvoll, nicht weil wahr wäre, was sie behaupten, sondern weil, in entstellter Form, in ihren Traditionen jene prähistorische Tragödie in Erinnerung gehalten wird.

Im Schlußabsatz des Briefs läßt Freud äußere und innere Bewandtnisse anklingen, die für das Verstehen der Moses-Studie von größter Bedeutung sind: „Und nun sehen Sie, Lou, diese Formel, die mich ganz fasziniert hat, kann man heute in Österreich nicht aussprechen, ohne von der uns beherrschenden katholischen Übermacht ein staatliches Verbot der Analyse zu erzielen. Und nur dieser Katholizismus schützt uns gegen das Nazitum.[5] Und überdies sind die historischen Grundlagen der Mosesgeschichte nicht solid genug, um als Postament meine unschätzbare Einsicht zu tragen. Ich schweige also. Es genügt mir, daß ich selbst an die Lösung des Problems glauben kann. Es hat mich mein ganzes Leben durch verfolgt. Verzeihung und herzliche Grüße von Ihrem Freud."

Diese Schilderung vom 6. Januar 1935 ist für meinen Gedankengang in einigen Punkten zu ergänzen: Die äußere Bedrohung steigerte sich in den folgenden Jahren der Arbeit an den Moses-Manuskripten ins Extrem. Als Mann eines unbändigen Unabhängigkeitsstrebens hatte Freud in Jahrzehnten ein Lebenswerk von Weltgeltung geschaffen, eine eigene Wissenschaft, eine eigene Wissenschaftsorganisation und einen eigenen Verlag gegründet. All dies drohte in der Verfolgung zerschlagen zu werden, und es wurde zerschlagen. Nachdem man seine Bücher schon 1933 verbrannt hatte, wurden nach und nach die psychoanalytischen Forschungs- und Ausbildungsinstitutionen aufgelöst, schließlich auch der Verlag liquidiert. Aber erst als

---

[5] In seiner ‚Vorbemerkung II' zur Druckfassung hat Freud im Juni 1938 diesen Irrtum korrigiert: „der Katholizismus erwies sich, mit biblischen Worten zu reden, als ein ‚schwankes Rohr'" (1939, S. 506).

1938 seine Kinder von der Gestapo verhört wurden, lockerte sich Freuds Verleugnung der unmittelbaren Lebensgefahr so weit, daß er sich zur Emigration bereit fand. Das äußere Verfolgungsschicksal mit dem Erleben ohnmächtigen Ausgeliefertseins wurde durch eine innere Verfolgungssituation radikalisiert. Freud litt nicht nur unter den Einschränkungen hohen Alters; seit Jahren versuchte ein Karzinom, wie er es einmal ausdrückte, sich an seine Stelle zu setzen (vgl. Schur, 1973, S. 667). Die Bedrohung nicht nur seines Lebenswerks, sondern buchstäblich seines Lebens war also total.

Aus Freuds Brief an Lou Andreas-Salomé, der den Hauptgedanken des „historischen Romans" skizziert, ist auch nicht zu entnehmen, daß die komplexere Druckfassung nicht nur die religionsgeschichtliche und religionspsychologische Lesart zuläßt. Passagen des Buches sind nichts anderes als Formulierung der Grundzüge der Psychoanalyse und sinnfällige Exemplifizierung ihrer Methode. Andere Textstücke eröffnen in einer Art Zurücktheoretisieren jähe Durchblicke auf die verschiedenen Stadien von Freuds Theoriebildung, von den späten auf die frühen, beispielsweise von der Triebtheorie auf die Traumatheorie der Neurosenätiologie. Mitunter stehen neue und alte Terminologie unvermittelt nebeneinander. Sätze, in denen sich Dogmatisierungstendenzen durchzusetzen scheinen, werden von Reflexionen abgelöst, die in lebhaftester Beweglichkeit und Frische bisher nicht gestellte Fragen aufwerfen, für die der Autor Antworten noch nicht kennt. Als Auslöser der Moses-Studie hat Freud wiederholt den damaligen Orkan des

Antisemitismus genannt: er wolle wissen, wie sich die Juden „diesen unsterblichen Haß zugezogen" (1968, S. 102) hätten. Insofern war das Buch seinerzeit auch so etwas wie eine Streitschrift. Endlich kann es, wie sich zeigen wird, als Fortschreibung von Freuds verdeckten autobiographischen Mitteilungen aufgefaßt werden. Es ist jedenfalls vielerlei zugleich: Religionspsychologie, Bibelkritik, fiktive Umschrift eines Mythos, Geschichte der Freudschen Theoriebildung, Monographie über die Entstehung individueller und kollektiver Neurose, Rekapitulation der Kulturtheorie, Psychohistorie, politisches Traktat, metaphorische Selbstdarstellung.

Die Abseitsposition von *Der Mann Moses und die monotheistische Religion* im strengen Kanon des Œuvres hatte Freud ursprünglich wohl durch den Untertitel „Ein historischer Roman" signalisieren wollen. Manche der Psychoanalyse durchaus nicht feindlich gesonnene Leser reagieren noch heute auf die Lektüre mit Irritation. Ich meine, daß man der Moses-Studie in ihrer spezifischen Befremdlichkeit näherkommt, wenn man sie als eine Art *Tagtraum* liest, zustandegekommen unter traumatischen Bedingungen extremer Not. Keineswegs bedeutet dies, daß andere Forschungszugänge zu Freuds letztem Buch – etwa der religionswissenschaftliche, der sozialpsychologische, der frühgeschichtliche, der evolutionsbiologische oder der sprachhistorische – nicht gleichermaßen legitim und erhellend sein könnten. Was ich, in absichtlicher Beschränkung auf nur *eine* der vielen Bedeutungsebenen des Werks, im folgenden zu verstehen versuche, sind die beschriebenen Auffälligkeiten von Moses-Manuskript und Moses-Drucktext, meines Erachtens Merkmale einer Tagtraum-Struktur.

Als Forscher hat Freud den Tagträumen bekanntlich viel Aufmerksamkeit geschenkt. Bereits in der *Traumdeutung* konstatierte er: „Wie die Träume sind sie Wunscherfüllungen; wie die Träume basieren sie zum guten Teil auf den Eindrücken infantiler Erlebnisse; wie die Träume erfreuen sie sich eines gewissen Nachlasses der Zensur für ihre Schöpfungen. Wenn man ihrem Aufbau nachspürt, so wird man inne, wie das Wunschmotiv, das sich in ihrer Produktion betätigt, das Material, aus dem sie gebaut sind, durcheinandergeworfen, umgeordnet und zu einem neuen Ganzen zusammengefügt hat" (1900, S. 473). Auch im Tagtraum gelangten die typischen Mechanismen der Traumarbeit zum Zuge – Verdichtung, Verschiebung, Rücksicht auf die Darstellbarkeit. Freud hat ferner betont, daß der Held des Tagtraums stets der Phantasierende selber sei, „entweder direkt oder in einer durchsichtigen Identifizierung mit einem anderen" (1916–17, S. 115). Schließlich hat er die besondere Beziehung des Tagtraums zur Zeitstruktur hervorgehoben: dieser schwebe insofern zwischen „den drei Zeitmomenten unseres Vorstellens" (1908, S. 174), als der motivierende Wunsch „einen Anlaß der Gegenwart benützt, um sich nach dem Muster der Vergangenheit ein Zukunftsbild zu entwerfen" (a.a.O., S. 175).

Für seinen eigenen Tagtraum hat Freud im Jahre 1934 einen Stoff gewählt, dessen Konturen im Dunkel der Frühgeschichte verschwimmen und der sich deshalb besonders gut dafür eignet, dem Wunschmotiv entsprechend umgestaltet zu werden. Worum es ihm in seinem letzten Buch vorrangig ging, war wohl wirklich die Erlangung phantasierter Wunscherfüllung, nämlich Beschwichtigung der zermürbenden Sorge um die Zukunft seines Lebenswerks. Die Bedrohung durch den Nazi-Terror bildete also den „Anlaß der Gegenwart", der im fast Achtzigjährigen, wie ich vermute, jenes ausgedehnte Tagträumen evoziert hat. Mit dem Material der Vergangenheit, nämlich der vertrauten Toralektüre seiner Kindheit, versuchte Freud ein Zuversicht stiftendes Zukunftsbild zu entwerfen: am Schicksal des Mannes Moses und des Monotheismus führte er sich vor Augen, wie eine unbequeme, anspruchsvolle Lehre auch dann nicht untergeht, wenn sie politisch verfolgt und unterdrückt wird, sondern – im Gegenteil – nach langem Intervall aus der Verdrängung wiederkehrt, ja, gerade durch diese Zweizeitigkeit erst ihre ganze Wirkungskraft entfaltet. Daß Freud in der Moses-Studie an einer Stelle auf die der Latenzzeit des Monotheismus vergleichbare „verspätete Wirkung" (1939, S. 515) einer *wissenschaftlichen* Lehre zu sprechen kommt, scheint meine These zu stützen. Er führt nämlich die Darwinsche Evolutionstheorie an, die gleichfalls „affektive Widerstände wachgerufen" und sich nur in Schüben habe Geltung verschaffen können. Und mit dem Darwinismus wiederum hat Freud bekanntlich andernorts seine Psychoanalyse emphatisch parallelisiert (u. a. 1917, S. 7ff.).

Ein derart verdichtetes, überdeterminiertes Gebilde wie die Moses-Studie kann natürlich nicht erschöpfend gedeutet werden, und zwar nicht nur weil mehrere Wünsche sich in ihm Ausdruck verschafft haben. Selbst wenn wir Freuds Briefe und thematisch verwandten Werke mitberücksichtigen sowie die unveröffentlichten Passagen der Moses-Handschriften gleichsam als zusätzliche Assoziationen einbeziehen, gewinnen wir nicht annähernd jene Sicherheit, die bestenfalls im analytischen Dialog zu erreichen ist. So gesehen, steckt in jedem Deuten unterdrückter, vorbewußter und unbewußter Elemente eines Texts, ohne daß dessen Autor zu Wort kommen kann, ein Stück Unzulänglichkeit, ja Unzulässigkeit. Weil aber die Auffälligkeiten von Moses-Manuskript und Moses-Drucktext durch Reflexion des Manifesten allein nicht zu verstehen sind, möchte ich zwei Deutungsversuche machen.

Wenn das den Tagtraum provozierende zentrale Motiv sich auf das Überleben der Psychoanalyse bezogen hat — Freuds Klassifikation folgend, müßten wir von einer ehrgeizigen, „der Erhöhung der Persönlichkeit" (1908, S. 174) dienenden Wunschdynamik sprechen —, lassen sich darin, sozusagen von der Oberfläche des Bewußtseins absteigend, zwei Tendenzen unterscheiden: erstens der Wunsch, im Gebäude der eigenen Lehre Lücken zu schließen und dabei noch einmal jene Wesenszüge der Psychoanalyse auf den Begriff zu bringen, die sie affektiv so unbequem machen; zweitens der Wunsch, durch die Identifizierung mit dem Mann Moses und seiner Wirkung sich der eigenen Unvergänglichkeit zu vergewissern und gleichzeitig ein regressives inneres Geschehen in Schach zu halten, von dem sich Freud unter dem Druck der Verfolgung bedroht gefühlt haben mag.

III

Zum ersten Wunsch: Es ist kein Zufall, daß Freud unter eben diesen traumatischen Lebensbedingungen noch einmal auf die Rolle des *Traumas* bei der Bildung neurotischer und psychotischer Symptome zurückkommt. Er unternimmt in seiner Moses-Studie den letzten Versuch, Trauma-Modell und Trieb-Modell der Neurosenätiologie, d. h. seine voranalytische und die eigentlich psychoanalytische Theorie der Verursachung psychischer Erkrankung zu verbinden.

Von dieser komplexen Materie sei hier, grob skizziert, nur folgendes festgehalten[6]: Das voranalytische Trauma-Modell rückt ein überwältigendes *äußeres* Ereignis ins Zentrum der Ätiologie, eine sexuelle Handlung, eine sexuelle Szene, welcher der Kranke in seiner Kindheit ausgeliefert war und die über einen späteren Verdrängungsprozeß, also in zweiphasiger Pathogenese, *nachträglich* zu schädigender Wirkung gelangt. Die sorgfältige klinische

---

[6] Ich habe dieses Thema ausführlicher in ‚Trauma oder Trieb – Trieb und Trauma' (1987) erörtert.

Arbeit ließ Freud jedoch erkennen, daß die Berichte seiner Patienten von solchen Verführungen nicht immer tatsächlichen Ereignissen entsprachen, sondern wiederkehrende Phantasiekonfigurationen reproduzierten. Deren schrittweise Erforschung hat Freud dann zur Entdeckung der unbewußten *inneren Welt* des Menschen geführt, zu der im Trieb-Modell zusammengefaßten Erkenntnis der infantilen Sexualität, der verschiedenen Phasen der Libidoentwicklung, entsprechend der ihnen zugeordneten erogenen Körperzonen, und der Struktur des Ödipuskomplexes. Galt das konventionellere Trauma-Modell der *Pathogenese* jener vergleichsweise wenigen, die in der Kindheit Opfer sexueller Übergriffe geworden waren, bezieht sich das revolutionäre Trieb-Modell auf die *Psychogenese* von jedermann.

Freud hat gewußt, daß das Skandalon seiner Entdeckung der wenig schmeichelhaften inneren Welt sich nicht entschärfen und deshalb immer wieder das Bedürfnis hervorrufen würde, das alles erneut vergessen zu können. Deshalb hat er in seiner ätiologischen Theorie die *inneren* Faktoren ständig betont. Entgegen der simplistischen Behauptung mancher Kritiker, die heutzutage allzu leicht Gehör findet, wäre es ihm freilich nie in den Sinn gekommen, das Gewicht der äußeren Realität bei der Verursachung psychischer Krankheit zu unterschätzen. Das läßt sich an vielen, allerdings eher unauffälligen Stellen seines Werks nachweisen, also nicht nur in den kulturtheoretischen Schriften und bei der expliziten Erörterung der traumatischen Neurosen. Gegen Ende seines Lebens und nun selbst unter dem verstörenden Druck traumatischer politischer Realität mag in ihm das Bedürfnis entstanden sein, die *äußeren* ätiologischen Faktoren in seiner Moses-Studie noch einmal in den Vordergrund seiner Theoriebildung zu holen, um zu schließen, was bei oberflächlicher Betrachtung wie eine Lücke in seiner Lehre aussehen könnte.

In jener Passage der dritten Abhandlung, in der Freud nach einer individualpsychologischen Analogie sucht, die Entstehung und Wirkung der monotheistischen Idee klären helfen könnte, rechnet er, im Unterschied zur einstigen Verführungstheorie, zu den ätiologischen Traumen nun aber nicht nur massive „Eindrücke sexueller und aggressiver Natur", also überwältigende Erlebnisse, sondern auch „frühzeitige Schädigungen des Ichs (narzißtische Kränkungen)" (1939, S. 523). Im Zentrum der Pathogenese könne sogar „nur eine frühere Affektbeziehung" (S. 524) stehen, deren beeinträchtigende Folgen sich, so würden wir heute ergänzen, via projektiv-identifikatorischer Prozesse in bleibenden Ichveränderungen niederschlagen.[7] Dies sind jedenfalls Formulierungen, die sich ohne weiteres mit den neueren psychoanalytischen Theorien zur traumabedingten Genese der narzißtischen und der Borderline-Störungen vertragen.

---

[7] Hier also auf die Pathogenese angewandt, was Freud schon früher generell zur Ichbildung festgestellt hatte: „Uranfänglich in der primitiven oralen Phase des Individuums sind Objektbesetzung und Identifizierung wohl nicht voneinander zu unterscheiden." Der Charakter des Ichs sei „ein Niederschlag der aufgegebenen Objektbesetzungen" (1923, S. 296 f.).

Aber bald bricht Freud in seiner Moses-Studie diese klinisch gut fundierte Diskussion über Trauma und Traumawirkung in den Frühstadien der Ontogenese ab und nimmt die in *Totem und Tabu* (1912–13) begonnene und im Entwurf zur zwölften metapsychologischen Abhandlung (1985) fortgeführte phylogenetische Spekulation über die Ermordung des Urvaters und die Entstehung des Totemismus wieder auf, zu der ihn ursprünglich die Tierphobien der Kinder angeregt hatten. In jener Spekulation versuchte er sich die realen traumatischen Ereignisse im Hordenleben des Frühmenschen auszudenken – Austreibung, Kastration, Mord –, von denen man sich seines Erachtens vorstellen könnte, daß sie als „archaische Erbschaft" in den unbewußten Phantasien der heute Lebenden tradiert werden.

So betrachtet, bildet die phylogenetische Spekulation in der Tat eine Brücke zwischen Trauma-Modell und Trieb-Modell. Zugleich verschaffte sie Freud eine Antwort auf eine der Hauptfragen seiner Studie, nämlich wie die immense Wirkung des Monotheismus zustande komme. Er gelangt zu dem Schluß: Die Macht der beiden großen monotheistischen Religionen, des Judentums wie des Christentums, sei deshalb so zwingend, weil in ihnen, zwar in entstellter Form, die urzeitliche Tragödie aus der Verdrängung wiederkehre und der Urvater, in Gestalt des *einen* Gottes, erneut in seine Rechte eingesetzt werde.

Es ist bemerkenswert, daß Freud nicht auf jene ganz andere, weniger abenteuerliche, viel näherliegende Erklärung für die mächtige Wirkung religiöser Vorstellungen zu sprechen kommt, die er bereits in *Zur Psychopathologie des Alltagslebens* (1901) erwogen hatte, wo es heißt: „Ich glaube in der Tat, daß ein großes Stück der mythologischen Weltauffassung, die weit bis in die modernsten Religionen hineinreicht, nichts anderes ist als *in die Außenwelt projizierte Psychologie*. Die dunkle Erkenntnis (sozusagen endopsychische Wahrnehmung) psychischer Faktoren und Verhältnisse des Unbewußten spiegelt sich [...] in der Konstruktion einer *übersinnlichen Realität*, welche von der Wissenschaft in *Psychologie des Unbewußten* zurückverwandelt werden soll" (S. 287f.). Im Jahre 1927, also nicht lange vor Beginn der Moses-Reflexionen, hatte Romain Rolland, nach der Lektüre der *Zukunft einer Illusion* (1927), Freud kritisch darauf aufmerksam gemacht, er habe die eigentliche Quelle religiöser Energie, nämlich das „ozeanische" Gefühl, nicht gewürdigt. Im *Unbehagen in der Kultur* (1930) ging Freud, sichtlich widerstrebend, darauf ein und brachte dieses spontane „Gefühl der unauflösbaren Verbundenheit, der Zusammengehörigkeit mit dem Ganzen der Außenwelt" (S. 198) zwar mit den Wahrnehmungs- und Empfindungsmodalitäten des Säuglings *vor* Etablierung der Ich-Objekt-Differenzierung, also vor Errichtung artikulierter, Innen und Außen trennender Selbst-Grenzen in Verbindung. Indessen ließ er das ozeanische Gefühl als Quelle der Religiosität nicht gelten, sondern leitete diese wiederum aus der generellen Hilflosigkeit des Menschen während der Kindheit und einer entsprechend dringlichen, jedoch strukturierten Vatersehnsucht her. In der religionspsychologischen Diskussion der Moses-Studie bleiben mögliche Zuflüsse aus den präverbalen Ich-Funktionsweisen der Ontogenese überhaupt unerwähnt. Selbst der eine Satz, der in diese Richtung zu weisen scheint, nämlich: „Kindliche Gefühlsregungen sind in ganz anderem Ausmaß als die Erwachsener intensiv und unausschöpfbar tief, nur die religiöse Ekstase kann das wiederbringen" (1939, S. 578) – bezieht sich ersichtlich auf die Vaterdimension.

An dieser Stelle ist die Einschaltung eines kurzen biographischen Exkurses erforderlich. Manches spricht dafür, daß Freud die Beschäftigung mit den Phänomenen der allerfrühesten Stadien seelischer Strukturbildung, also der primären Mutterdimension, eher zu meiden suchte, und zwar nicht nur aus Gründen sinnvoller Arbeitsökonomie oder infolge seiner Skepsis bezüglich der Tiefenschärfe des psychoanalytischen Instrumentariums, sondern wohl auch weil die Konfrontation mit diesem archaischen Bereich in ihm eine zu bedrohliche Beunruhigung auslöste. Ausdrücklich betonte er, daß es ihm schwerfalle, „mit diesen kaum faßbaren Größen zu arbeiten" (1930, S. 204). In den letzten Jahren sind mancherlei Hinweise zusammengetragen worden, die Freuds eigene Früherfahrung nicht so ungetrübt erscheinen lassen wie von der Biographik lange Zeit angenommen.[8]

---

[8] Hinsichtlich der Belastungen der äußeren Situation, in der das Kind Freud und seine Familie lebten, vgl. u. a. die Forschungen von Josef Sajner (1968, 1981, 1988); für einen Überblick über die Studien verschiedener Autoren über mutmaßliche Traumatisierungen Freuds in jenen

Retrospektiv gewinnt man den Eindruck, als hätte die Forschung „das glückliche Freiberger Kind", das Freud in seinem Brief an den Bürgermeister von Příbor (Freud, 1960, S. 403) 1931 vor uns hingestellt hat, jahrzehntelang unbefragt stehen gelassen. Tatsächlich wird, wie von ihm selbst nahegelegt, der in seinem zweiten Lebensjahr, also vor Stabilisierung der Selbst-Objekt-Grenzen sich ereignende Säuglingstod des Bruders Julius bislang vorwiegend in Begriffen von Geschwisterrivalität diskutiert: die Erfüllung der Beseitigungswünsche des älteren Bruders gegenüber dem jüngeren habe im Erstgeborenen Schuldgefühle hinterlassen. Was dieses jähe Ereignis in der jungen Mutter ausgelöst hat, die zu diesem Zeitpunkt mit ihrem dritten Kind schwanger war und kurz vor dem Tod des Sohnes einen Bruder gleichen Vornamens verloren hatte[9],

---

Jahren siehe zusammenfassend Harry T. Hardin (1987, 1988).

[9] Vgl. einen Stammbaum der Familie Nathansohn, Sigmund Freud Collection, Library of Congress, auf den mich Harold P. Blum aufmerksam gemacht hat. Er soll etwa 1930 zusammengestellt worden sein. Nach seinen Eintragungen hatte Freuds Mutter, als einzige Schwester, vier Brüder (Julius, Adolf, Nathan und Hermann). Das Geburtsdatum von Julius ist mit 1838 angegeben, er war demnach rund drei Jahre jünger als Amalia. Sein Todesjahr: „1857". Die Geburtsdaten der anderen Brüder konnten offenbar nicht ermittelt werden. Nur bei einem, Adolf, ist das Todesjahr notiert: „1862"; er sei als „Advokat in Lemberg" gestorben, also gleichfalls ziemlich früh. Doch dürfte er älter gewesen sein als Julius. Die genaue Geschwisterfolge in der mütterlichen Familie scheint sogar Freud nicht klar gewesen zu sein. In einem ‚Heredity questionaire'(dieser Fragebogen in englischer Sprache, ebenfalls in der Sigmund Freud Collection auf-

wird dagegen selten bedacht. Dabei können wir doch für wahrscheinlich halten, daß diese doppelte Trauerarbeit, zumindest vorübergehend, die Zuwendungsqualität der Mutter bezüglich des Erstgeborenen plötzlich verändert hat.[10]

Aus diesem Blickwinkel gesehen, wäre das „glückliche Freiberger Kind" das Kind des ersten und beginnenden zweiten Lebensjahrs, aufgehoben in einer tiefbefriedigenden Mutter-Kind-Dyade, die das Fundament legte, auf dem Freud sein gigantisches Opus errichten konnte. Was der Rückblikkende aber über die Zeit schrieb, als er „ungefähr drei Jahre alt war", da „eine Katastrophe in dem Industriezweig" eintrat, „mit dem sich der Vater beschäftigte", und dem dadurch erzwungenen Umzug vom Land in die Großstadt „lange harte Jahre" (1899, S. 542) hilfloser Armut (1986, S. 411) folgten, ist vielleicht eine Verschiebung, eine Abwehr

---

bewahrt, stammt wohl von 1925, denn Freud gibt das Alter seiner Mutter mit „90 years" an) beantwortete er die Frage, das wievielte Kind seine Mutter in ihrer Herkunftsfamilie gewesen sei, mit „?", wohingegen er wußte, daß es insgesamt „5" Geschwister gewesen waren. In der Frage: „You were the ___ child in a family of ___", füllte Freud die erste Leerstelle mit „1st", die zweite mit „7 (8)" aus – der frühverstorbene eigene Bruder Julius wurde in Klammern mitgezählt.

[10] H. T. Hardin hat in der zitierten Arbeit die Hypothese aufgestellt, die katholische tschechische Kinderfrau habe damals die Bedeutung einer Ersatzmutter gewonnen und die frühe Entfremdung zwischen Kleinkind und leiblicher Mutter sei später nie mehr zu überwinden gewesen. Infolgedessen habe das plötzliche Verschwinden dieser Kinderfrau in Freuds drittem Lebensjahr die Wirkung eines neuerlich traumatischen Objektverlusts gehabt; Freud habe dies zeitlebens verleugnen müssen.

der Katastrophe jener frühen Tode im noch irritierbareren zweiten Lebensjahr und ihrer Auswirkungen gewissermaßen im mütterlichen Industriezweig. Oder, anders ausgedrückt: der Ortswechsel von Freiberg nach Wien und der damit verknüpfte Verlust der Großfamilie hatten im nun Sprach- und Erinnerungsfähigen die katastrophale andere Erfahrung wiederbelebt, ohne daß Freud die Aktualisierung von etwas Früherem als solche hätte erkennen können. Jedenfalls haben die traumatischen Konsequenzen von Objektveränderung und Objektwechsel in Freuds Psyche wohl nicht nur die Kreativität überhaupt erst ermöglichende Durchlässigkeit der Ichgrenzen hinterlassen, sondern auch die enorme lebenslange Binnenspannung, die ihn dazu antrieb, die mitgebrachte Geniebegabung voll zu entfalten und die verzehrende Mühsal der Hervorbringung dieses Lebenswerks auf sich zu nehmen. Auf einem anderen Blatt steht, daß er in seinen immensen selbstanalytischen Anstrengungen auf dieser primären Ebene früher Traumatisierung undurchdringlichen Widerständen begegnet sein dürfte; ohnehin hat er die Begrenztheit des mittels Selbstanalyse Erreichbaren immer wieder nüchtern betont – auch noch während der Entstehungsphase der Moses-Studie (vgl. 1935, S. 38).

Es versteht sich von selbst, daß es für diese Rekonstruktion von Freuds psychischen Anfängen keine Beweise gibt. Latente Fernwirkungen des frühen Unglücks lassen sich bestenfalls an nachhallenden Vibrationen in seinen Texten erkennen, auch wenn in den manifest autobiographischen Äußerungen nirgends von tief verstörenden, die Strukturbildung tangierenden Erfahrungen die Rede ist. Wie sich zeigt, ist das Moses-Buch ein Text, der von der Aktualisierung jener frühen Verwundung förmlich geschüttelt erscheint. Mildere Schwingungen sind in anderen Schriften, wohl auch in manchen heute unbefriedigenden Theoriestücken fühlbar.[11] Endlich können wir uns fragen, ob Freud die soziale Isolation, in die er infolge der skandalösen Radikalität seiner Erkenntnisse geriet, so unbeirrbar hätte aushalten können, hätte sie nicht zu einer eigenen Tendenz zum Für-sich-Sein gepaßt. Daß Abhängigkeit für ihn zeitlebens Anathema blieb, daß er auf allen Ebenen – bezüglich der eigenen Analyse und der Herkunft seiner wissenschaftlichen Gedanken, aber auch hinsichtlich der klassischen Fakultäten und akademischen Institutionen sowie der etablierten Verlage – bedingungslos Selbständigkeit an-

---

[11] Beispielsweise in Freuds Psychologie der Frau, aber auch in manchen Zügen der phylogenetischen Spekulation über Katastrophen und Verbrechen in der Urzeit. Auf dieser Linie interpretiert, ließen sie sich als in die Prähistorie der Art verschobene Auseinandersetzung mit den Folgen ontogenetischer eigener prägenitaler Traumatisierung lesen. Immerhin hat Freud von den ersten drei Lebensjahren des Menschen als von „der prähistorischen Periode" (1900, S. 250) gesprochen und das ihr zugeordnete Ichgefühl, sofern es sich im Erwachsenenalter bemerkbar macht, dem Krokodil, einem Vertreter aus dem ausgestorbenen „Geschlecht der großen Saurier" analog gesetzt (1930, S. 201). Und noch in der Periode der Moses-Studie heißt es: „Manchmal könnte man zweifeln, ob die Drachen der Urzeit wirklich ausgestorben sind" (1937a, S. 369) – die „Drachen der Urzeit" wären, so betrachtet, die in Freud noch immer wirksamen Folgen der katastrophischen Ereignisse während der eigenen Frühkindheit.

strebte, mag immerhin auch etwas mit einer unbewußten Nötigung zu tun gehabt haben, sich vor Verlust- und Enttäuschungserlebnissen zu schützen, das heißt, ähnlich katastrophale Gefühle von Verlorengehen, Verhungern und Zerrissenwerden wie damals um jeden Preis zu vermeiden.

Dieser rekonstruktive Exkurs – für die spätere Deutung des zweiten Tagtraum-Wunsches unerläßlich – bildet hier bereits den Hintergrund für meine Vermutung, daß in der Innenwelt des schwerkranken alten Freud der Terror der Nazi-Verfolgung an jene frühkindliche Traumatisierung rührte und daß er nicht zuletzt deshalb in seinem Moses-Buch bei der Erklärung der Wirkungskraft monotheistischer Religion zur phylogenetischen Konstruktion Zuflucht nahm.

Sie erlaubte es ihm nämlich, sich in der Sphäre narrativer, sekundärprozeßhafter Differenziertheit, sozusagen der Vaterdimension zu bewegen, anstatt sich mit dem ihm damals vielleicht besonders bedrohlich erscheinenden diffusen Bereich der Präverbalität, also der frühen Mutterdimension befassen zu müssen. Der Vorteil der phylogenetischen Konstruktion war seinerzeit, so gesehen, ein subjektiver. Heute besteht ihr objektiver Nachteil darin, daß sie in dieser Form wissenschaftlich nicht haltbar ist[12],

---

[12] Damit sind freilich die von Freud in der Moses-Studie aufgeworfenen fundamentalen Fragen nicht aus der Welt geschafft. Beispielsweise die Frage, wie das unstrittige Phänomen der Wiederkehr des Verdrängten gemäß bestimmter Rhythmen oder auch das der stummen, also nicht manifest verbalen Transmission von Traumatisierungen von einer Generation zur nächsten zu verstehen, gar zu erklären sei – Fragen, die nicht nur im klinischen

insbesondere wegen ihrer reduktionistischen Annahmen bezüglich der Lebensformen des Frühmenschen und wegen der uneingeschränkten Voraussetzung eines lamarckistischen Vererbungsmodus (vgl. Grubrich-Simitis, 1985). Freud hegte wohl selbst Zweifel an den Mechanismen, die er für die Weitergabe von Erinnerungsspuren archaischer Erbschaft postulierte. In einer Fehlleistung scheinen sie sich im Entwurfsmanuskript zur dritten Abhandlung Geltung verschafft zu haben. Dort heißt es (Handschrift Seite 18), daß „dieser Sachverhalt nicht streng erwiesen" sei, aber „daß wir ohnehin" – anstatt: ohne ihn – in der „Massenpsychologie nichts erklären können".

Der den Tagtraum der Moses-Studie mitgestaltende Wunsch Freuds, in seinem Werk Lücken zu schließen, Trauma-Modell und Trieb-Modell miteinander zu verbinden, äußert sich demnach unmittelbar im *manifesten* Text. Dagegen erfolgt das Hervorheben von Wesenszügen der Psychoanalyse implizit und ist nur als *latente* Botschaft aus bestimmten wiederkehrenden Charakterisierungen zu erschließen, die an Freuds Beschreibung des Monotheismus auffallen.

Immer wieder ist von dessen *Schroffheit* die Rede. Schroffheit hinsichtlich der Abgrenzung von Traditionen, die bis zu seinem Auftreten geherrscht haben; der mosaische Monotheismus verweigert beispielsweise ohne jegliche Beschönigung jene Ver-

---

Bereich, sondern ebenso auf der kollektiven Ebene von größter Bedeutung sind und auf die Psychoanalytiker noch heute nach Antworten suchen.

leugnung der Endlichkeit des Menschenlebens, die im Zentrum der traditionellen ägyptischen Religion gestanden hatte; ähnlich radikal, so können wir deutend ergänzen, hat die Psychoanalyse um die Jahrhundertwende die Verleugnung der erwachsenen und insbesondere der infantilen Sexualität durchbrochen und die beiden Grundüberzeugungen systematisch ad absurdum geführt, das Seelenleben bestehe im wesentlichen aus Bewußtsein und zwischen psychischer Normalität und Pathologie gäbe es eine klare Grenze. Schroffheit auch bezüglich der Illusionsbedürftigkeit des Menschen — der Monotheismus in seiner Hochschätzung des Ethischen verpönt jegliche Form von Zauberei und Magie; ähnlich insistiert die der Wahrheit verpflichtete Psychoanalyse auf einer rationalen Theorie des Irrationalen und einer rationalen Behandlungstechnik, in der auf Suggestion und uneinlösbare Versprechen verzichtet und dem Analysanden die mühevolle und langwierige Mitarbeit zugemutet wird. Schroffheit schließlich gegenüber dem Verlangen des Menschen nach Anschaulichkeit — durch das Bilderverbot, d. h. das Ausklammern des Sehens, hat der mosaische Monotheismus eine Höherentwicklung der Geistigkeit erzwungen und den Blick nach innen gelenkt; und dieser Abzug der Aufmerksamkeit von der Wahrnehmungsperipherie hat nicht zuletzt die Entdeckung der Seele ermöglicht, gleichsam die Wendung von den Sinnesreizen zu den Triebreizen: die Eröffnung des unsichtbaren Arbeitsfeldes der Psychoanalyse.

Auch wo Freud auf die eigene anspruchsvolle Lehre nicht direkt zu sprechen kommt, wirbt er doch indirekt für sie, indem er die Schönheit der psychoanalytischen Methode, den Reiz ihres Umgangs mit Texten vorführt. Er liest die biblische Überlieferung auf die gleiche Weise, wie man in der Deutungsarbeit mit einem Traum oder einer Fehlleistung umgehen würde. Etwa nach folgenden Regeln: Man lasse sich vom Wortsinn leiten; man nehme „auffällige Lücken, störende Wiederholungen, greifbare Widersprüche" ernst und fasse sie als Hinweise auf, „die uns Dinge verraten, deren Mitteilung nicht beabsichtigt war" (1939, S. 492 f.); endlich die Ermutigung, sich die Unbefangenheit eigenen Schlußfolgerns zu bewahren – wie jener gescheite Judenknabe aus dem Witz, der auf die Frage, wer denn die Mutter des Moses gewesen sei, unbedenklich antwortet: die Prinzessin. „Aber nein, wird ihm vorgehalten, die hat ihn ja nur aus dem Wasser gezogen. So sagt *sie*, repliziert er und beweist damit, daß er die richtige Deutung des Mythus gefunden hat."

IV

Dieses Zitat des Witzes stammt nicht aus der Moses-Studie, sondern aus den *Vorlesungen zur Einführung in die Psychoanalyse* (1916–17, S. 170). Von einer der Hauptthesen seines Buches scheint Freud also schon rund zwanzig Jahre früher überzeugt gewesen zu sein.[13] Sicher ist, daß die Gestalt des Moses in seiner Ichideal-Bildung von Beginn an eine Rolle

---

[13] Die Spur läßt sich sogar noch weiter zurückverfolgen – über eine analoge Bemerkung in ‚Über einen besonderen Typus der Objektwahl beim Manne' (1910, S. 195) bis zu einem Diskussionsvotum Freuds vom 25. November 1908, das sich auf einen Vortrag von Otto Rank über den Mythos von der Geburt des Helden bezieht und überhaupt erstaunliche Vorläufergedanken zur Moses-Studie enthält (H. Nunberg und E. Federn, 1977, S. 63). Denkbar schließlich, daß Freuds Überzeugung eine tiefste Wurzel in der Jugendlektüre des elften von Heinrich Heines ‚Zeitgedichten' hat; immerhin zitiert er selbst in seinem Moses-Buch die betreffende Zeile (1939, S. 480, Anm. 2). Für weitere Herkunftslinien der Ägypterhypothese, insbesondere Hinweise auf einen Text in Josef Popper-Lynkeus' *Phantasien eines Realisten* (1899), vgl. Freuds Briefe an Yisrael Doryon vom 7. und 25. Oktober 1939 (1945–46, S. 786 ff.).

gespielt hat. Und damit komme ich zum zweiten Wunsch, der jenen Tagtraum mitgeformt haben könnte. Bekanntlich gibt es eine lange Serie mythologischer und historischer Figuren, mit denen sich Freud nacheinander oder gleichzeitig, im Wach- wie im Traumleben, identifiziert hat, keineswegs nur während der Aufbauphase seiner Persönlichkeit, sondern bis ins hohe Alter, zur ständigen Selbstkorrektur und Selbstanreicherung mittels erinnerter Tradition, als phantasievolles, nicht selten ironisches Spurenverfolgen. Neben Joseph war Moses die andere, im späten Leben wohl die zentrale *biblische* Gestalt unter den Identifikationsfiguren des Ungläubigen.[14] Die Moses-Repräsentanz hat gewiß zum Kern des Freudschen Selbst gehört.

Nicht nur in den beiden expliziten Abhandlungen – dem Essay ‚Der Moses des Michelangelo' (1914a) und dem Buch *Der Mann Moses und die monotheistische Religion* – wird sie offenbar, auch in anderen Werken Freuds sowie in seinen Briefen kommt sie, unmittelbar oder mittelbar, wieder und wieder zum Vorschein. Mittelbar beispielsweise, wenn er in der *Traumdeutung* (1900, S. 205) von einem seiner Romträume berichtet, in dem er von einem Hügel aus die Stadt „vom Nebel halb verschleiert und noch so ferne" liegen sah und darin das „Motiv, ‚das gelobte Land von ferne sehen'" erkennt, oder wenn er in einem Brief während des Ersten Weltkriegs schreibt, er fühle sich jetzt „oft so

---

[14] Ein vielerörtertes Thema der Freud-Sekundärliteratur, vgl. aus jüngerer Zeit u. a. Robert (1975), Bergmann (1976), Klein (1985), McGrath (1986) und Blum (1991).

allein wie in den ersten zehn Jahren, da Wüste um mich war" (Freud und Andreas-Salomé, 1966, S. 35).

In mannigfaltiger Weise intrapsychisch verwendet, erfüllte die Moses-Repräsentanz unverzichtbare Stabilisierungsfunktionen: Auf der herkömmlichen Linie der Freud-Biographik argumentierend, könnte man zunächst vermuten, daß Freud sich in der Moses-Repräsentanz, als Kompensation für seinen wenig durchsetzungsfähigen realen Vater, eine heroische, führende und beschützende Vatergestalt geschaffen habe. Doch hieße dies wohl, die Bedeutung des realen Vaters unterschätzen, denn ihm verdankte Freud immerhin die Vertrautheit mit der Schrifttradition, also die Hinführung zur Figur des Moses, dem exemplarisch autonomen, dem „großen Mann", gleichsam dem *geborenen Erwachsenen*, von dessen gefährdeter Kindheit in der Bibel (2. Mos. 2,2–10; L. Philippson, 1858, S. 299–302) denn auch kaum die Rede ist.[15] Sich mit dieser Figur selbst zu identifizieren half Freud, Ängste vor hilfloser Abhängigkeit und vor dem

---

[15] Läßt man die auf Seite 37 in Anmerkung 10 wiedergegebene These Harry T. Hardins gelten, könnte für den Knaben Freud während seiner Toralektüre sogar die Identifizierung mit dem Kind Moses verlockend gewesen sein; denn obwohl der kleine Moses von seiner eigenen Mutter, in Rettungsabsicht, ausgesetzt und von der Prinzessin aus dem Wasser geborgen wird, kommt es nicht zu einem traumatischen Objektwechsel, weil es der Schwester des Moses gelingt, der Prinzessin als Amme für den Findling dessen leibliche Mutter unterzuschieben, so daß diese ihn in den für die Strukturbildung entscheidenden Kindheitsjahren kontinuierlich weiterbetreuen kann (2. Mos. 2,7–9; L. Philippson, 1858, S. 301f.).

Sog regressiver Wünsche abzuwehren. Denn solche Wünsche hätten ihn wohl mit den Nachwirkungen jener traumatischen Verlust- und Diskontinuitätserfahrungen während der eigenen Frühkindheit in Berührung gebracht. So betrachtet, mag Freud der Exodus als Gleichnis einer am Ende doch gelingenden Individuation erschienen sein, die Verlockung der ägyptischen Fleischtöpfe als Metapher für die Gefahren bei der Loslösung aus der Symbiose. Der als hochfahrend energisch, ehrgeizig und zornmütig beschriebene biblische Held konnte, zumal dem jugendlichen Freud, überdies als Sublimierungsmodell dienen; dessen Karriere bewies gewissermaßen, daß es auch einem derart Leidenschaftlichen glücken kann, – in Zwischentiteln der Moses-Studie zu sprechen – „Triebverzicht" zu leisten, „Fortschritt in der Geistigkeit" zu erzielen und ein intellektuelles Lebenswerk zu schaffen. Und nicht zuletzt: die Identifizierung mit Moses förderte die Festigung von Freuds jüdischer Identität; er war davon überzeugt, daß die Juden ihre beispiellose Widerstandskraft über die Jahrtausende aus der mosaischen Überlieferung gezogen hätten.

Es scheint, als ob in Zeiten schwerer Belastung Freuds Moses-Identifizierung sich ausbreitete und ins Bewußtsein drängte, stärkend und gefährdend zugleich. Das zeigte sich nicht erst während der Nazi-Verfolgung, sondern bereits in der Periode der Auseinandersetzung und des schließlichen Bruchs mit C.G. Jung, in dem Freud ja eine Zeitlang den Fortsetzer seines Werks gesehen hatte. In diesem Sinne konnte er ihm noch im Jahre 1909 schreiben: „Sie werden als Joshua, wenn ich der Moses bin, das gelobte Land der Psychiatrie, das ich nur aus der Ferne erschauen darf, in Besitz nehmen" (Freud und Jung, 1974, S. 218). Ein paar Jahre später war freilich unübersehbar geworden, daß Jung inzwischen das Konzept der infantilen Sexualität preisgegeben hatte und zu einer überwunden geglaubten Behandlungstechnik zurückgekehrt war. Die unausweichliche öffentliche Polemik mit dem früheren Anhänger hielt Freud anscheinend für die erste wirklich ernsthafte Gefährdung der Psychoanalyse (vgl. Jones, 1962a, S. 182).

Mitten in dieser Krise entstand der Essay ‚Der Moses des Michelangelo', in dem Freud dem Künstler eine Umdeutung des biblischen Moses unterstellt: Michelangelo zeige den Koloß am Ende einer mächtigen abgelaufenen bzw. abgebremsten Bewegung, d. h. einen Moses, der, anders als in der Bibel, angesichts des Rückfalls seines Volkes in primitiven Götzendienst nicht aufspringt und die Gesetzestafeln zerschmettert, sondern, Zorn und Empörung zügelnd, innehält und sie vor der Zerstörung bewahrt. Zwar charakterisieren den Moses-Essay nicht jene kompositorischen Brüche, die am Moses-Buch auffallen. Aber etwas Obsessives, Repetitives, Zirkulierendes kennzeichnet auch ihn.[16] Immer

---

[16] Das Thema des Gefährdeten, des bedrohten Gleichgewichts leuchtet gleichfalls in beiden Texten auf. Im Moses-Essay wird es noch an einem Merkmal des Michelangelo-Werks, nämlich der Position der Gesetzestafeln, formuliert: „Sie sind auf den Kopf gestellt und werden fast auf einer Spitze balanciert" (1914a, S. 211, vgl. auch S. 212). Hingegen bezieht es der Autor im Moses-Buch auf die eigene Arbeit. Sie sei „wie ein ehernes Bild auf

wieder beschreibt Freud den von ihm postulierten Bewegungsablauf und würdigt in akribischer Detailtreue die Indizien, die für seine Hypothese zu sprechen scheinen. Mitunter bemüht er Beweise, die eigentlich keine sind, etwa Zeichnungen, die er eigens anfertigen ließ, um jenen Bewegungsablauf zu demonstrieren, der seines Erachtens zu der in der Marmorstatue fixierten Körperhaltung geführt hat (1914a, S. 212f.). Merkmale der Skulptur, die seine Auffassung stützen, werden grell beleuchtet, ihr widersprechende Einzelheiten ausgeblendet.[17]

Als Grund für seine damals geradezu inbrünstige Beschäftigung mit der Skulptur gibt Freud in der – wie das Moses-Buch – auch nur zögernd, zunächst sogar anonym veröffentlichten Abhandlung an: „Eine rationalistische oder vielleicht analytische Anlage sträubt sich in mir dagegen, daß ich ergrif-

---

tönernen Füßen" (1939, S. 468), „wie eine Tänzerin, die auf einer Zehenspitze balanciert" (S. 507).

[17] Letzteres gilt – worauf Martin Bergmann (1976, S. 16) aufmerksam gemacht hat – selbst für die Hörner, die doch unübersehbar anzeigen, daß Michelangelo eine spätere Phase im Leben des Gesetzgebers darstellen wollte, nämlich den Zeitpunkt, zu dem dieser strahlenden Antlitzes (es wird angenommen, daß das Merkmal der Hörner auf eine Fehlübersetzung des hebräischen Ausdrucks für Strahlen zurückgeht) vom Berg Sinai mit den *zweiten* Tafeln herabsteigt, nachdem er die ersten zerbrochen hatte (2. Mos. 34, 29ff.). Allerdings unterlief auch etlichen der von Freud zitierten Autoren, die sich vor ihm mit der Skulptur befaßt hatten, eine ähnliche Fehlbestimmung des dargestellten Moments: „Wir haben gehört, wie vielen, die unter dem Eindruck der Statue standen, sich die Deutung aufgedrängt hat, sie stelle Moses dar unter der Einwirkung des Anblicks, daß sein Volk abgefallen sei und um ein Götzenbild tanze" (Freud, 1914a, S. 214).

fen sein und dabei nicht wissen solle, warum ich es bin und was mich ergreift" (1914a, S. 197). Ich vermute, daß Freud sich damals tatsächlich nicht so sehr mit Michelangelos Intentionen als vielmehr mit der eigenen Moses-Identifizierung herumschlug, die unter dem Druck des Konflikts mit Jung sogar sein Bewußtsein ergriffen hatte.[18]

Doch blieb damals Spielraum für ironische Distanzierung. Am 13. September 1913 schickte er an Sándor Ferenczi aus Rom eine Ansichtskarte mit dem Michelangelo-Moses. Auf die Rückseite schrieb er nur die Adresse; auf der Vorderseite steht zu Füßen der Statue am rechten Kartenrand „Ihr Freud" und darunter über die volle Breite des Sockels, so daß der Betrachter im Unklaren bleibt, ob Moses oder Freud als Subjekt des Satzes gemeint sei: „erwidert Ihren Gruß u[nd] theilt ganz Ihre Meinung über den Kongreß in München".[19] Freud bezieht sich auf den wenige Tage zuvor abgehaltenen Vierten Psychoanalytischen Kongreß, den letzten, an dem Jung teilnahm. Ferenczi griff in seinem Antwortschreiben die Moses-Freud-Gleichsetzung amüsiert auf: er fühle sich „vom Moses-Gruß hoch-

---

[18] Etwas Ähnliches hatte sich offenbar bereits 1901 abgespielt, ohne daß dies, in Gestalt einer eigenen Abhandlung, manifeste Spuren im Œuvre hinterlassen hätte. Während seines ersten Rombesuchs hat Freud sich nämlich, wie wir von Ernest Jones (1962a, S. 430) wissen, bereits in obsessiver Weise mit der Michelangelo-Statue auseinandergesetzt – es war die Zeit des Zerbrechens seiner Freundschaft mit Wilhelm Fließ, gleichfalls einer Erfahrung, die nicht zuletzt deshalb als so katastrophal erlebt worden sein dürfte, weil sie an jene frühkindliche Verstörung rührte.
[19] Siehe Abbildung 1.

Abbildung 1

Rückseite der Ansichtskarte

geehrt". Wie er in einem unveröffentlichten Brief an Freud vom 5. August 1913 schrieb, hatte Ferenczi vor dem Kongreß sich übrigens vorgenommen, seinen Beitrag als Gelegenheit zu nutzen, „von der falschen Behauptung Jungs zu sprechen, wonach Sie die Trauma-Theorie *aufgegeben* (und nicht nur ergänzt) hätten" – dieses Thema der späteren Moses-Studie scheint also schon damals diskutiert worden zu sein. Tatsächlich kam es 1912/13 zu einer ersten Schnürung jenes das Moses-Buch charakterisierenden Themenbündels: im Frühsommer 1913 wurde *Totem und Tabu* abgeschlossen; und Freud hat, in einem gleichfalls unpublizierten Brief an Ferenczi vom 9. Dezember 1912, den Ohnmachtsanfall, den er bei einer krisenhaften Zusammenkunft mit Jung im November 1912 erlitt, selbstanalytisch mit der traumatischen „Bedeutung frühzeitig erlebter Todesfälle […] (bei mir ein Bruder sehr jung gestorben, als ich wenig über ein Jahr war)" in Verbindung gebracht.

Nicht lange nach diesen dramatischen äußeren und inneren Vorgängen veröffentlichte Freud, noch in der vitalen Schaffenskraft seiner mittleren Jahre, die bahnbrechende Abhandlung ‚Zur Einführung des Narzißmus' (1914b). In ihr systematisierte er den Zugang zu einer neuen, verkürzt ausgedrückt, der psychotischen Dimension, also auf lange Sicht, in Theorie wie Therapie, zum Bereich der schweren psychischen und psychosomatischen Erkrankungen *jenseits* der Neurose. Freud führte in der Narzißmuß-Schrift den Begriff des Ichideals ein, und man wird annehmen dürfen, daß dieser Text, nicht anders als um die Jahrhundertwende die *Traumdeu-*

tung, nicht zuletzt seiner rigorosen Selbstanalyse zu verdanken war. Im Freud-Ferenczi-Briefwechsel ist tatsächlich bezeugt, daß der Essay über die Michelangelo-Statue und die Narzißmus-Schrift sozusagen in einem Guß entstanden sind. Denn mit einer weiteren Ansichtskarte, die Freud unmittelbar nach dem erwähnten Moses-Gruß an seinen Freund schickte, teilte er ihm am 22. September 1913 mit: „Auch der Narzißm[us] ist stark in Arbeit".

Als Freud unter den Nazi-Terror geriet, war er alt und krank. Mehr noch als während der Jung-Krise scheint er die Moses-Identifizierung zur Stabilisierung seiner Widerstandskraft gebraucht zu haben – in einer Zeit totalen Unrechts die Identifizierung mit dem prototypischen Gesetzgeber.[20] Unter diesem Aspekt betrachtet, muß die Behauptung, Moses sei ein Ägypter gewesen, verwundern. Wie erwähnt, scheint Freud diese Herkunft schon früher angenommen zu haben. Nun aber fühlte er sich erstmals genötigt, sie zu *beweisen*, obgleich sie für das manifeste Hauptziel des Buchs, nämlich eine Theorie über Genese und Wirkung der monotheistischen Religionen zu entwickeln, eigentlich nicht von Belang ist – im Gegensatz zur anderen Hypothese, wonach Moses ermordet worden sei, die für Freuds Erklärungsversuch (1939, S. 548) konstitutiv ist.

---

[20] Nicht zu vergessen das alltäglichere Motiv für das aktuelle wunscherfüllende Tagträumen des mit Zukunftslosigkeit und Körperverfall hohen Alters Konfrontierten: die Bibel schildert Moses, ehe er, hundertzwanzigjährig, stirbt, als kraftvollen gesunden Greis, „nicht war sein Auge trübe, und seine Frische nicht geschwunden" (5. Mos. 34, 7; L. Philippson, 1858, S. 994), also als einen bis zum Schluß *Unabhängigen*.

Bedenkt man das Erscheinungsjahr – 1937 bzw. 1939 –, kann kaum erstaunen, daß die Ägypterhypothese, die, wie Freud in einem Brief an Ernest Jones vom 3. März 1936 ausführt, auf nichts Geringeres als „eine Ableugnung der jüdisch-nationalen Sagengeschichte" (vgl. Jones, 1962b, S. 248) hinausläuft, bei den vor ihrer größten Katastrophe stehenden europäischen Juden eine Welle der Empörung ausgelöst und Freud den Vorwurf der Distanzierung von seinem Judentum eingetragen hat (vgl. Gay, 1989, S. 726 ff.). Dabei wurde freilich übersehen, daß Freuds Erörterung der Beteiligung eines zweiten, des midianitischen Moses an der Wirkungsgeschichte des Monotheismus die Ägypterhypothese etwas entschärft. Wer den Text aus zeitlicher Entfernung liest, kann eher den Versuch darin erkennen, *eine* der Ursachen des jahrtausendealten Antisemitismus, der nach Hitlers Machtergreifung zur kollektiven Vernichtungspsychose exazerbierte, zu relativieren.[21] Denn Freud sagt dem Leser gleichsam: Es war nicht Gottvater, der die Juden sich als sein Volk auserwählte, es war der Mann Moses, ein Mensch, und zwar ein Nicht-Jude; es bestehe unter den Geschwistern also kein Grund, dieses Kind Israel um seine Vorrangstellung derart mörderisch zu beneiden; auch sei es Moses, dem man die hohen ethischen Anforderungen des Monotheismus, sprich, den Triebverzicht bzw. das Schuldgefühl anzulasten habe; die *paranoide* Dimension der Spaltung, die Juden und Nicht-Juden trennt und die

---

[21] Vgl. bereits in den fünfziger Jahren D. Bakan, 1958, S. 327 ff.

immer neue Verfolgung auslöst, erscheine, so gesehen, auf Dauer nicht unüberwindbar. Vielleicht hat Freud in säkularisiertem Messianismus sich tagträumend sogar ausgemalt, die eigene aufklärerische Kulturtheorie könne diesen kollektiven Heilungsprozeß fördern helfen. Darüber läßt sich heute erst recht nur spekulieren.

Eine *subjektive* Funktion der Ägypterhypothese könnte für Freud darin bestanden haben, ihm gegenüber der Übermacht seiner Identifizierung Distanz zu verschaffen, Moses, der gewissermaßen konkretistisch von ihm Besitz ergreifen wollte, von sich wegzurücken. Denn einiges spricht dafür, daß Freud den metaphorischen Spielraum gegenüber dieser Repräsentanz seines Ichideals momentan zu verlieren drohte. Die Quantität der traumatischen Reizüberflutung im Erleben ohnmächtigen Ausgeliefertseins als politisch verfolgter, schwerkranker Greis könnte in Freud, der, wie beschrieben, Abhängigkeit jeglicher Art schwer erträglich fand, ein regressives Geschehen in Gang gesetzt haben, das für eine kurze Zeitspanne sogar seine Ichfunktionen tangierte.

Auffallend ist jedenfalls das Getriebene, das Zwanghafte in Freuds damaliger Beschäftigung mit der biblischen Figur, nicht nur in den Manuskripten, auch in Briefen und Gesprächen. So soll er 1938 bei seiner einzigen Begegnung mit Salvador Dali mit großer Intensität vorgebracht haben, Moses sei fleischgewordene Sublimierung (Dali, 1942, S. 398); schon 1934 hatte er in einem Brief geschrieben: „Der Mann, und was ich aus ihm machen wollte, verfolgt mich unablässig" (Freud und

Zweig, 1968, S. 108); und in der Moses-Studie selbst heißt es, diese habe ihn „wie ein unerlöster Geist" (1939, S. 550)[22] gequält, nachdem er beschlossen hatte, sie vorerst liegenzulassen. In der Passage des Buches, in der Freud sich mit den pathologischen Nachwirkungen von Traumatisierungen in der Seele des einzelnen befaßt, steht: „Alle diese Phänomene, die Symptome wie die Einschränkungen des Ichs und die stabilen Charakterveränderungen, haben *Zwangs*charakter, d.h. bei großer psychischer Intensität zeigen sie eine weitgehende Unabhängigkeit von der Organisation der anderen seelischen Vorgänge, die den Forderungen der realen Außenwelt angepaßt sind, den Gesetzen des logischen Denkens gehorchen. [...] Sie sind gleichsam ein Staat im Staat, eine unzugängliche, zur Zusammenarbeit unbrauchbare Partei, der es aber gelingen kann, das andere, sog. Normale zu überwinden und in ihren Dienst zu zwingen" (a.a.O., S. 525). Und etwas weiter heißt es: „Man darf diese Erkrankung auch als Heilungsversuch ansehen, als Bemühung, die durch den Einfluß des Traumas abgespaltenen Anteile des Ichs wieder mit dem übrigen zu versöhnen und zu einem gegen die Außenwelt machtvollen Ganzen zu vereinigen. Aber ein solcher Versuch gelingt nur selten, wenn nicht die analytische Arbeit zu Hilfe kommt, auch dann nicht im-

---

[22] Eine Metapher, die auch in den Briefen wiederholt auftaucht. So schrieb Freud noch inmitten der Wirrnis und Unsicherheit seiner letzten Emigrationsvorbereitungen am 28. April 1938 an Ernest Jones, er fände „eine Stunde täglich, um am Moses weiterzuarbeiten, der mich plagt wie ein ghost not laid" (vgl. Jones, 1962b, S. 267).

mer" (S. 526). Im Entwurfsmanuskript dieser Passage heißt es zur Charakterisierung des Heilungsversuchs zusätzlich, daß er „meist unabschließbar" sei (Handschrift Seite 5).

Klingt nicht etwas von dieser Qualität der Abgespaltenheit, der Entzweiung in der in London verfaßten zweiten Vorbemerkung an, in der Freud darüber klagt, er vermisse hinsichtlich seines Moses-Buchs „das Bewußtsein der Einheit und Zusammengehörigkeit, das zwischen dem Autor und seinem Werk bestehen soll" (S. 507)? So gesehen, erschiene die Moses-Studie als schließlich doch gelingender Selbstheilungsversuch, als Dokument eines neuen verzweifelten Aufschwungs von Freuds Selbstanalyse, die formalen und inhaltlichen Auffälligkeiten wären gewissermaßen Narbenbildungen. Es ließe sich die These aufstellen, Freud habe seine späten Erkenntnisse über die Mechanismen archaischer Abwehr, insbesondere die Spaltung, ebenso wesentlich seiner Selbstanalyse verdankt wie während der Entstehungsphase der Psychoanalyse die Einblicke in die Gesetzmäßigkeiten der Traumbildung.

Für diese These spricht nicht zuletzt der in der Periode des Moses-Tagträumens entstandene Brief an Romain Rolland mit der Untersuchung einer Erinnerungsstörung auf der Akropolis. Der Text dokumentiert manifest die Intensivierung der Selbstanalyse und erörtert „sehr merkwürdige, noch wenig verstandene Phänomene" – „Persönlichkeitsspaltung", „Entfremdungen und Depersonalisationen" (1936, S. 290). Ohne deren klare, nüchterne Argumentation an irgendeiner Stelle aus der Balance zu werfen, finden die in jenem supponierten dramatischen Prozeß gewonnenen Einsichten ihren latenten Widerhall wohl auch in der im Jahr danach erschienenen Schrift ‚Die endliche und die unendliche Analyse' (1937a, S. 367 ff.): z.B. dort, wo Freud über die Gründe für die „Unstetigkeit" des therapeutischen Erfolgs nachdenkt, das Gewicht zusätzlicher Traumen, die „unwiderstehliche Macht des quantitativen Moments" bei der erneuten Krankheitsverursachung würdigt, die in den Abwehrkämpfen der Frühzeit erworbenen Ichveränderungen beschreibt, das Ich des durchschnittlich Normalen, das „sich dem des Psychotikers in dem oder jenem Stück, in größerem oder geringerem Ausmaß" annähert, oder wo er in der Passage, die von den Begrenzungen der Lehranalyse handelt, den Ausdruck „Eigenanalyse" benutzt. Und endlich lassen sich auch in der kurz darauf veröffentlichten Abhandlung über ‚Konstruktionen in der Analyse' (1937b) autobiographische, selbstanalytische Reminiszenzen vermuten: z.B. in der Konstruktion des Hergangs einer frühen Mutterentfremdung (S. 398f.) und in den Ausführungen über überdeutliche Erinnerungen in phantasieartigen Zuständen, Halluzinationen (bei „nicht psychotischen Fällen"), in denen etwas in der Frühkindheit wirklich Erlebtes, schreckhaft Traumatisches wiederkehrt (S. 403 ff.).

Was die dritte Moses-Abhandlung betrifft, so dürfte immerhin einiges von dem, was Freud hier über die pathogene Wucht traumatischer prägenitaler Eindrücke sagt, Autobiographisches, der Selbstanalyse Abgewonnenes enthalten, nämlich daß von solchen Erlebnissen, die unbewußt und nicht erinnerbar sind, wenn sie im späteren Leben des Betroffenen aktualisiert werden, „die stärkste zwangsartige Beeinflussung" (S. 571) ausgehe. Freud mag inzwischen gewußt haben, daß die seelischen Verwundungen aufgrund eigener Verlusterfahrungen in der Entwicklungsphase tiefer infantiler Abhängigkeit später im Erwachsenenalter in Zeiten schwerster Bedrängnis – schon während der Jung-Krise, erst recht aber unter der Nazi-Bedrohung – in ihm wirksam wurden und bei beiden Anlässen die obsessive Beschäftigung mit der Moses-Figur erzwangen[23], jener Repräsentanz seines Ichideals, die doch gerade damals so hochbesetzt war, weil sie Immunität gegen Abhängigkeit sichern sollte.

Das scheint jedenfalls die merkwürdige, anders nicht verständliche Schlußformulierung des eingangs zitierten, die Moses-Studie zusammenfassenden Briefs an Lou Andreas-Salomé anzudeuten, in der Freud betont, das Problem habe ihn sein „ganzes Leben durch verfolgt" und anschließend um „Verzeihung" bittet – das Problem wäre, so betrachtet, jene eigene frühe Traumatisierung, und die rührende Bitte um Verzeihung bezöge sich auf sein augenblickliches Unvermögen, die von ihr ausgehende zwangsartige Bewegung seines Denkens voll zu beherrschen. Noch eine Passage aus dem späten

---

[23] Übrigens verweist Freud im Moses-Buch nicht auf seinen Moses-Essay, obwohl sich dies an der Stelle geradezu angeboten hätte, an der vom Zerbrechen der Gesetzestafeln die Rede ist (1939, S. 497). In der Handschrift des „historischen Romans" hingegen findet sich ein solcher Verweis in einer Anmerkung (vgl. Anhang, S. 86f.).

Abriß der Psychoanalyse sei angeführt, obwohl sie keinen manifesten autobiographischen Anknüpfungspunkt bietet. Irgendwie isoliert steht sie am Anfang des sechsten Kapitels und faßt nur scheinbar das im vorigen Kapitel zum Thema Traum und Traumdeutung Dargelegte zusammen: „Der Traum ist also eine Psychose [...], zwar von kurzer Dauer, harmlos, selbst mit einer nützlichen Funktion betraut, von der Zustimmung der Person eingeleitet, durch einen Willensakt von ihr beendet. Aber doch eine Psychose, und wir lernen an ihr, daß selbst eine so tiefgehende Veränderung des Seelenlebens rückgängig werden, der normalen Funktion Raum geben kann" (1940b, S. 97). Die Charakterisierung, daß der Traum „von der Zustimmung der Person eingeleitet, durch einen Willensakt von ihr beendet" werde, paßt nicht zum Schlaftraum, eher zum Tagtraum, am besten zum verspielt-freien Anfang und zur nicht mehr vom Zwang beherrschten Beendigung des ausgedehnten Freudschen Moses-Tagträumens.

Wenn die Moses-Manuskripte einmal kritisch ediert sein werden und ihre Chronologie im einzelnen rekonstruiert ist, dürfte sich zeigen, daß insbesondere diejenigen Abschnitte die Spuren des schweren Abwehrkampfes erkennen lassen, die in den letzten Wiener Monaten unter unmittelbarer Lebensgefahr niedergeschrieben worden sind. In die Sicherheit des Exils entkommen, scheint sich das quälend Obsessive seiner Moses-Gedanken tatsächlich bald gelöst zu haben, denn Freud notierte schon am 28. Juni 1938, rund drei Wochen nach der Ankunft in London, in einem Brief an Arnold Zweig, er schreibe hier „mit Lust" (1968, S. 172) am dritten Teil. Offenbar konnte er jenes spielerische Moment seines Tagträumens wiedergewinnen, das ihn Jahre zuvor den „historischen Roman" hatte beginnen lassen.[24]

---

[24] Das, was Freud in seinem Moses-Tagträumen erfahren und selbstanalytisch studiert hatte, konnte nun bereichernd noch in die letzten Werke eingebracht werden — einem lebenslangen Usus entsprechend *zusätzlich* zu den Forschungsergebnissen, die er aus der Arbeit mit seinen Analysanden gewann und die ja ihrerseits die Selbstanalyse immer wieder stimuliert hatten. Man lese unter diesem Aspekt beispielsweise den Beginn der Arbeit über ‚Die Ichspaltung im Abwehrvorgang' (1940a, S. 391f.) oder jene staunenswert modern anmutenden Passagen im achten Kapitel des *Abriß der Psychoanalyse* (1940b, S. 132ff.), in denen der Autor auf die „Krankheitszustände des Ichs" zu sprechen kommt, die u.a. dadurch ausgelöst werden können, daß „die Realität unerträglich schmerzhaft geworden ist".

V

Vergegenwärtigen wir uns noch einmal diese Ausgangssituation. In Freuds Briefen von 1933 findet sich wiederholt die Klage über rasches Altern, Schmerzen, Nicht-mehr-Schreibenwollen. „Alles herum ist trüb und zum Ersticken dumpf", heißt es nach Hitlers Machtergreifung wiederum in einem Brief an Arnold Zweig. „Die Wut speichert sich auf und zehrt am Gehäuse. Wenn man etwas Befreiendes tun könnte!" (vgl. Schur, 1973, S. 662). Das einzig Befreiende, was ihm in seiner Lage zu tun übrigblieb, war tatsächlich, aus einer unerträglich gewordenen Realität sich tagträumend ins Reich der Phantasie zu begeben.

„Der Gegensatz zu Spiel ist nicht Ernst, sondern – Wirklichkeit." Dieser Satz steht nicht zufällig in der frühen Schrift ‚Der Dichter und das Phantasieren' (1908, S. 171), die auch von den Tagträumen handelt. Als Freud nun über den historischen Roman nachzudenken begann, hatte er offenbar beschlossen, sich endlich der Einengung wissenschaftlichen Diskurses zu entledigen und fast so unbefangen dichterisch zu phantasieren wie einst in jenem Dialog zweier Sterne, den er als Gymnasiast erfand, als er einmal, ohne Zündhölzer, eine Stunde im Dunkeln – in „ägyptischer Finsternis" – sitzen mußte und den er in einem köstlichen Brief an seinen Jugendfreund Eduard Silberstein (1989, S. 45 ff.) aufgeschrieben hat.[25] In der Diszipliniertheit seiner mittleren Jahre hingegen hatte Freud den Mechanismus wissenschaftlicher Kreativität als die „Aufeinanderfolge von kühnspielender Phantasie und rücksichtsloser Realkritik" (vgl. Grubrich-Simitis, 1985, S. 94) beschrieben. Jetzt, am Ende seines Lebens, wollte er, zu seinen Anfängen zurückkehrend, es sich gönnen, seinen spekulativen und künstlerischen Neigungen einmal freien Lauf zu lassen.

Daß Freud, jedenfalls in der Anfangsphase seiner Arbeit an der Moses-Studie, mit voller Absicht aus dem gewohnten wissenschaftlichen Diskussionszusammenhang heraustrat, bestätigen bestimmte Auslassungen. Er zitiert nicht Karl Abrahams Schrift aus dem Jahre 1912 über Amenhotep IV und die monotheistische Aton-Religion, die er einst selbst angeregt und gefördert hatte; ebenso läßt er Theodor Reiks religionspsychologische Untersuchungen über das Judentum von 1919, trotz seiner eigenen Vorrede dazu, unerwähnt – obgleich sich in beiden Texten viele Parallelen zu Themen und Argumentationslinien der Moses-Studie finden. Und es waren auch nicht primär die psychoanalytischen

---

[25] Unter der humoristischen Oberfläche ist hier übrigens auch schon das verpönte bedrohliche Motiv der Abhängigkeit von einem kalten, fordernden Objekt zu erkennen.

Kollegen, die Freud in den Jahren 1934 bis 1938 an seinen Moses-Reflexionen teilnehmen ließ; Ernest Jones beispielsweise unterrichtete er erst in dem bereits zitierten Brief vom 3. März 1936 darüber, nachdem dieser, durch eine Bemerkung Stefan Zweigs hellhörig geworden, sich nach dem neuen Projekt erkundigt hatte. Freud fühlte sich eher zu den Dichtern hingezogen, zumal zu Arnold Zweig und Thomas Mann.

Der wichtigste Korrespondent war damals der nach Palästina, ins gelobte Land, emigrierte Arnold Zweig. Ihn befragte Freud, anläßlich der Lektüre der *Erziehung vor Verdun*, nach den Geheimnissen des dichterischen Handwerks. Die eigene fiktive Gestaltung der Moses-Figur gefiel ihm aber doch nicht; immer wieder holte ihn die lebenslang geübte „rücksichtslose Realkritik" ein und nötigte ihn, nach Beweisen, nach Verankerung in der historischen Wirklichkeit zu suchen. Zweig unterstützte Freuds Recherchen, erkundigte sich bei den zuständigen Fachgelehrten, unterrichtete ihn über Autoren, die seinerzeit gleichfalls die ägyptische Herkunft Mosis vertraten. Indessen war Freud sich über die Vergeblichkeit seiner Beweissuche letztlich im klaren; im Manuskript des „historischen Romans" heißt es in der Einleitungspassage noch unumwunden, seine Resultate besäßen „keinen oder nur einen unbestimmbaren Wirklichkeitswert" (vgl. Bori, 1979, S. 8). Er konnte sich dann erneut auf die ursprüngliche Befreiungsabsicht besinnen: „Sie bei mir in Wien-Grinzing zu haben", schrieb er an Zweig, „wird ein hoher Genuß werden. – Wir werden alles Elend und alle Kritik vergessen und über

Moses phantasieren" (Freud und Zweig, 1968, S. 132 f.). Dieser ersehnte Besuch hat im August 1936 tatsächlich stattgefunden, und Vorlesen und Miteinanderphantasieren, in Garten und Haus von Freuds Sommerunterkunft, scheinen inmitten des sich verschärfenden Terrors so verleugnend-heiter, so gelöst gewesen zu sein wie erhofft. Vielleicht hat Zweig in Freuds erneuter selbstanalytischer Anstrengung eine vergleichbar hilfreiche Funktion erfüllt wie weiland Wilhelm Fließ. Der Dichter seinerseits fühlte sich von dem Gedankenaustausch derart angeregt, daß er selbst einen zeitgemäßen Aufsatz über die Zehn Gebote schrieb – ‚Ein Sinai-Rätsel‘, erst 1942 veröffentlicht –, der unverkennbar Freudsche Denkfiguren durchscheinen läßt.

Tiefer noch reichte in jenen Jahren die Wechselwirkung zwischen Freud und Thomas Mann. Die seltenen Briefe, die sie austauschten, verraten es nicht. Sie haben einander vor allem durch die Lektüre ihrer Werke beeinflußt. 1933, im Jahr, in dem Freud verbittert nichts mehr schreiben wollte (vgl. Schur, 1973, S. 662), veröffentlichte Thomas Mann *Die Geschichten Jaakobs*, das erste Stück seiner Josephstetralogie. Zwar hat er erst in seiner Rede zu Freuds achtzigstem Geburtstag, also 1936, betont, „jener der Freudschen Welt befreundete Roman" übe sich „in dem Spiel der Psychologie auf dem Mythus" (S. 500), sei „eine festliche Begegnung von Dichtung und Psychoanalyse" (S. 499). Freud wird diese Verwandtschaft jedoch schon beim Lesen des ersten Bandes gespürt haben; offenbar bekam er Appetit, es Thomas Mann gleichzutun. Wieder wußte er, daß er, der Wissenschaftler, nicht über

Manns prächtige Register verfügte, und schon 1934, nachdem er die erste Version abgeschlossen und den Zwittercharakter des Texts erkannt hatte, räumte er ein: „Ich bin doch nicht gut für historische Romane. Es bleibt für Thomas Mann" (vgl. Jones, 1962b, S. 232). Wohl deshalb gab er später diese Gattungsbezeichnung auf.[26]

Thomas Mann hingegen hat in seiner 1943 im Exil erschienenen Moses-Novelle ‚Das Gesetz' nicht nur ein Nachspiel seines Josephsromans verfaßt, sondern, wie Tagebuchaufzeichnungen zeigen[27], zugleich eine virtuose Variation auf Freuds Moses-Buch. Mitten im Text steht unvermittelt die direkte Anrede „Meine Freunde!" (S. 829), und zwar an der Stelle, an der es um die Unvermeidbarkeit jähen gewaltsamen Widerstandes gegen die ägyptischen

---

[26] Privatim scheint er aber spielerisch am Fiktiven festgehalten zu haben. Denn auf einem Separatum des Erstdrucks von ‚Wenn Moses ein Ägypter war...' (*Imago*, 1937, Band 23, Heft 4) steht nach dem Widmungsgruß des Verfassers die handschriftliche Bemerkung: „Vielleicht auch nur eine Erdichtung". Dazu ist gleichfalls auf der ersten Seite, im gedruckten Text, die Formulierung am Rand angestrichen, „daß das Wahrscheinliche nicht notwendig das Wahre sei und die Wahrheit nicht immer wahrscheinlich". Der Adressat des Sonderdrucks ist unbekannt (ich stieß auf die Kopie der Widmungsseite in der Sigmund Freud Collection, Library of Congress). Es war jedenfalls nicht Thomas Mann, dessen Separatum eine andere Widmung trägt (persönliche Mitteilung von Hans Wysling, Thomas-Mann-Archiv).
[27] Bereits kurz nach Erscheinen hatte Thomas Mann im Mai 1939 Freuds Moses-Buch gelesen (T. Mann, 1980, S. 406, S. 410, S. 412). Und unmittelbar vor Beginn seiner Arbeit an der Moses-Novelle und während der Entwurfsphase kam es im Januar 1943 zu einer Wiederlektüre (T. Mann, 1982, S. 521 ff.).

Unterdrücker geht, ehe der Weg in die Freiheit beschritten werden kann – als appelliere Thomas Mann unmittelbar an die ihm Gleichgesinnten unter der Hitler-Diktatur, sie sollten ebenso handeln, und als wolle er, in memoriam, jene Ermahnung gegenstandslos machen, die Freud ihm noch 1935 in einen Geburtstagsbrief geschrieben hatte: „Im Namen von ungezählten Zeitgenossen darf ich unserer Zuversicht Ausdruck geben, Sie würden nie etwas tun oder sagen – die Worte eines Dichters sind ja gleich Taten –, was feige und niedrig ist, Sie werden auch in Zeiten und Lagen, die das Urteil verwirren, selbst den rechten Weg gehen und ihn anderen weisen" (vgl. T. Mann, 1988, S. 187).

Endlich bleibt noch ein anderer Gewinn hervorzuheben, den Freud im Dialog mit den Dichtern aus seinem Tagträumen gezogen hat. Wir können davon ausgehen, daß das Verfassen der Moses-Manuskripte von erneutem Bibelstudium begleitet war. Dieses Wiederholen der Toralektüre seiner Kindheit – eine Art Heimkehr in die Geborgenheit der einst vom Vater vermittelten tiefvertrauten Sprach- und Bilderwelt – hat seine jüdische Identität noch einmal nachhaltig gekräftigt. Dabei ist Freud, wie er in einer 1935 der zweiten Auflage seiner *„Selbstdarstellung"* (1925) hinzugefügten Passage (1987, S. 763) mitteilte, erstmals aufgegangen, wie sehr seine Lebensarbeit von diesem Text beeinflußt worden ist.[28]

---

[28] Vgl. hierzu die Fülle der Bibelzitate noch in den Jugendbriefen an Silberstein; aus diesem Dokument erfahren wir auch, daß Freud schon damals – wie am Ende seines Lebens beim Schreiben der Moses-Manuskripte – eine „biblische Studie mit modernen Motiven" (1989,

Dies betonen heißt mitnichten die Klischeebehauptung bestätigen, Psychoanalyse sei letzten Endes doch Theologie oder Ersatzreligion. Es geht um die ideengeschichtliche Frage, inwieweit das anfängliche Toralesen dabei geholfen haben könnte, Freuds psychologisches Sensorium zu schärfen, Wahrnehmungsbahnen und Sprachmulden einzuprägen, die es ihm später erleichterten, Gesetzmäßigkeiten psychischen Funktionierens zu entdecken und zu konzeptualisieren – nicht anders als seine frühe Verinnerlichung erfahrungsgetränkter Werke der Weltliteratur oder der Texte großer Philosophie und Naturwissenschaft.

Als Kind hat Freud die Bibel bekanntlich in der damals verbreiteten Edition Ludwig Philippsons studiert, die neben dem hebräischen Urtext nicht nur die vielzitierten englischen Holzschnitte enthält, sondern, in der Tradition der Herausgeberarbeit Moses Mendelssohns, auch eine neue deutsche Übersetzung sowie umfangreiche Kommentare. Ludwig Philippson, im neunzehnten Jahrhundert Religionslehrer in Magdeburg, war ein Vorkämpfer für die Rechte der Juden in Deutschland gewesen, Talmud-Gelehrter, Altphilologe, Hegel- und Savigny-Schüler, Lessing-Bewunderer, Kandidat für das Paulskirchenparlament (vgl. J. Philippson, 1962, S. 102–109; L. Philippson, 1911). In seinen Kommentaren bietet er in enzyklopädischer Manier Ergebnisse vieler Wissenschaften auf, um die histo-

---

S. 32f.) verfaßt hatte, die freilich nicht überliefert ist, weil dieses „Meisterstück von biblischer Idyllik" (S. 34) zum Kummer des Siebzehnjährigen auf dem Postwege zu Silberstein verlorenging.

rische Wahrheit des in der Bibel Berichteten rationalistisch zu beweisen. Sein Argumentations- und Deutungsstil ist der Struktur von Freuds Moses-Studie nicht gänzlich unähnlich.[29]

Freud könnte bei seiner späten Bibellektüre in der Tat verblüfft gewesen sein, in Philippsons Begleittext Ausdrücke wie „unbewußt" (z. B. S. I, S. 536), „verleugnet und verdrängt" (S. 1), „die beiden Triebe"/das „ganze Reich der Triebe" (S. 12, S. 19) zu finden sowie Gedanken wie die, daß die „körperliche Seite des Menschen" seine „Hauptbeschäftigung" (S. 19) ausmache oder daß „Leib und Seele eine Einheit" bildeten, in der die „lebhafteste Wechselwirkung" (S. 676) stattfinde. Tatsächlich lassen sich von dem Begleittext vielfältige Verbindungslinien zu Freudschen Konzepten und Theorien ziehen.[30] Bei der Wiederlektüre könnte Freud auch

---

[29] Philippsons Beschreibung der Erziehung des Volkes Israel zum Träger der monotheistischen Religion gleicht einer rudimentären Massen-Entwicklungspsychologie; und in seinen verschlungenen Erläuterungen sind sogar Anmutungen von Freuds Haupthypothesen auszumachen (vgl. S. 302, wo von der ägyptischen Wurzel des Moses-Namens die Rede ist, und S. 995, wo Philippson auf die Mordabsicht des Volkes Israel gegen den Religionsstifter zu sprechen kommt).

[30] Um nur ein Beispiel zu nennen: Philippsons Exegese, das „die stärkere geschlechtliche Entwickelung des Weibes" „höhere Interessen ihrem Gesichtskreis entzieht" (S. 18), klingt wie eine Keimformulierung von Freuds Auffassung einer defizienten weiblichen Überichbildung. Auch Philippsons Sinn für alles Semantische, für Wortspiel, Erinnerungszeichen und Symbol, mag das Kind Freud nicht unbeeindruckt gelassen haben. Selbst für manche kompositorisch-stilistische Figuren wie die „Spaziergangsphantasie" (Freud, 1986, S. 400) finden sich in

festgestellt haben, daß manche Facette der eigenen
Moses-Imago mehr von Philippsons lebhaften Cha-
rakterskizzen des biblischen Helden geprägt worden war als vom heiligen Text, mochte dieser den
kindlichen Leser auch darauf vorbereitet haben,
später als Wissenschaftler das Individuum überhaupt derart ernst zu nehmen und die Ubiquität von
Ambivalenz im menschlichen Gefühlsleben anzuer-
kennen.

Mit der Beendigung des Moses-Buchs beendete
Freud auch sein Tagträumen. Er konnte den
Wunsch aufgeben, seinem Œuvre möge die den großen Kunstwerken und den großen Religionen eigene
Abgeschlossenheit und Unvergänglichkeit beschie-
den sein. Unter unveröffentlichten Papieren findet
sich im Nachlaß eine undatierte Notiz, die sehr wohl
aus der Zeit nach Ankunft im Exil stammen könnte.
Sie lautet: „Die Wissenschaft macht das Individuum
demütig, vor den Schwierigkeiten des realen Erken-
nens schrumpfen die individuellen Größen ein; jeder kann nur ein Stückchen bewältigen, jeder muß
von einem gewissen Punkt an irren; nur die aufeinanderfolgenden Generationen können es ordentlich
machen." Jedenfalls beschrieb Freud in seinen beiden allerletzten, in London verfaßten, unvollendet
gebliebenen und posthum veröffentlichten Nieder-

Philippsons Erläuterungen Parallelen (z.B. S. 52, S. 292,
S. 541, S. 846). Und sogar die „Schroffheit", von der
oben die Rede war, taucht in dessen Charakterisierung
des mosaischen Gesetzes auf; er nennt es „eine allem bisher von den Menschen Erkannten schroff gegenüber tre-
tende Lehre" (S. XXVI). – Für die herausragende Stel-
lung des Traums in Philippsons Kommentaren vgl.
McGrath, 1986, S. 48f.

schriften – im *Abriß der Psychoanalyse* (1940b) und in ‚Some Elementary Lessons in Psycho-Analysis' (1940c) –, strikt auf das aus klinischer Erfahrung Ableitbare beschränkt sowie Begrenztheit und Vorläufigkeit seines Wissens betonend, ein letztes Mal jenes „Stückchen", das er selbst zur Erweiterung unserer Kenntnis der Conditio humana beigetragen hat – in Wahrheit ein Riesenstück.[31]

An wenigen Punkten scheint die Moses-Identifizierung noch durch diese beiden, die Grundlehren der Psychoanalyse kurz und kürzer zusammenfassenden Texte durchzuschimmern. Sind sie nicht den *zwei* Ausgaben des Dekalogs vergleichbar? Auch Philippson spricht vom „*Abriß* des göttlichen Rechts" (S. 538). Ferner beschreibt er in seiner Schlußbetrachtung zum fünften Buch, wie Moses, als *inneren* Abschluß vor seinem Tode, sich an „ein letztes mächtiges Einschärfen des Gesetzes und Verpflichten des Volkes" macht. „Die zerstreute Lehre

---

[31] Daß Freuds Werk, jenseits aller zwangsläufigen Alterung bestimmter Begriffe und Theorien, unterdessen nichtsdestotrotz eine bemerkenswerte Widerstandskraft gegen das Vergessenwerden bewiesen hat, hängt wohl nicht zuletzt mit seinem Stoff zusammen sowie mit der Art und Weise, diesen Stoff zu erforschen und darzustellen: Der Stoff, das sind die menschlichen Entwicklungsbeschwernisse und Grundkonflikte, in jeder neuen Generation wiederkehrend, weil in Prozessen biologischer Reifung verankert, in ihrer Matrix resistent gegenüber noch dem raschesten gesellschaftlichen und technischen Wandel; die besondere Art der Erforschung ist wesentlich die lebenslange Selbstanalyse, und insofern ist das Werk – meist verdeckt, doch in den Rissen der Moses-Studie gut sichtbar – anrührende Konfession, die den Leser zu Identifizierung, zu lohnender Lektüre und Wiederlektüre einlädt.

und Gesetzgebung mußten in eine klare, bündige, summarische Darstellung gesammelt" werden, „populair-homiletisch" (S. 997). Dabei sollte „sowohl auf dogmatischem als auch historischem Wege" (S. 998) vorgegangen werden. Kann es ein Zufall sein, daß Freud zu Beginn seiner ‚Elementary Lessons' zwar einräumt, daß die Psychoanalyse wenig Aussicht habe, „populär" zu werden, aber doch zwei Möglichkeiten einander gegenüberstellt, wie ein Wissensgebiet dem Unkundigen dargestellt werden könne, nämlich die genetische und die dogmatische? Und die zweite kommentiert er folgendermaßen: „sie stellt ihre Ergebnisse voran, verlangt Aufmerksamkeit und Glauben für ihre Voraussetzungen, gibt wenig Auskünfte zu deren Begründung. Allerdings entsteht dann die Gefahr, daß ein kritischer Zuhörer sich kopfschüttelnd sagt: das klingt doch alles recht sonderbar; woher der Mann das nur weiß!" (1940, S. 141f.).[32] Doch bezeugen

---

[32] Übrigens hebt auch die Handschrift des *Abriß der Psychoanalyse* gleichsam in Philippsonscher Tonart an; im Erstdruck des Texts in der *Internationalen Zeitschrift für Psychoanalyse und Imago* haben die Herausgeber freilich die einleitenden Sätze zum ‚Vorwort' deklariert und beim Nachdruck in Band 17 der *Gesammelten Werke*, wohl versehentlich, weggelassen. Sie lauten im Manuskript: „Dieses kleine Buch – Schrift – will die Lehrsätze der ΨA in knappster – gedrängtester Form und in entschiedenster Fassung gleichsam dogmatisch zusammenstellen, zum Ausdruck bringen. Catechism [ist aber] zu verwerfen, weil [er die] Form von Frage und Antwort hat. Glauben zu fordern und Überzeugungen zu wecken, liegt selbstverständlich begreiflicherweise nicht in seiner [des Buches] Absicht. Die Behauptungen – Aufstellungen – der ΨA ruhen auf einer unabsehbaren Fülle von Beobachtungen und Erfahrungen, und nur wer diese Beobach-

Klarheit und maßvolle Souveränität des in den beiden letzten Schriften Mitgeteilten, daß Freud vor seinem Tode, dank Selbstanalyse und Errettung aus der Verfolgung, sich befreit im metaphorischen Spielraum bewegte.

Zum Schluß zurück zu der Frage, von der ich ausgegangen war: Warum hat Freud, entgegen seiner Gewohnheit, von den Moses-Manuskripten nicht nur die Reinschrift aufgehoben? Warum hat er den Text, ungeachtet seiner augenfälligen Unausgewogenheit, überhaupt veröffentlicht? Drei Antworthypothesen:

Erstens: Hinter der spekulativen Gesamtkonstruktion und teilweise brüchigen Gedankenführung liegen viele tragfähige neue Einzeleinsichten verborgen, von denen hier kaum die Rede war. Freud hat sein Moses-Buch nicht zuletzt deshalb publiziert, weil er diese Neuheiten der Öffentlichkeit nicht vorenthalten wollte. Tatsächlich trifft besonders auf das letzte Buch zu, was Walter Benjamin am Freudschen Altersstil pries, nämlich daß „die größten Gedanken" oft „im Vorbeigehen" (1980, S. 953) aufgenommen würden. Da in den Entwurfsmanuskripten Ideen skizziert sind, die Freud in die Druckfassung nicht einbezog, wurden außer der Reinschrift auch diese Blätter aufbewahrt.

Zweitens: Wie kein anderes seiner Werke manifestiert die Moses-Studie Freuds Verwurzelung in seinem Judentum. In der Vorrede zur hebräischen

---

tung⟨en⟩ an sich und anderen wiederholt, hat den Weg zu einem eigenen Urteil eingeschlagen."

Ausgabe von *Totem und Tabu* hatte er 1930 noch rhetorisch gefragt, was denn an ihm, der väterlichen Religion so gänzlich entfremdet, noch jüdisch sei, und geantwortet: „sehr viel, wahrscheinlich die Hauptsache" (1934, S. 293). Aber dieses Wesentliche, so fuhr er damals fort, könne er gegenwärtig nicht in klare Worte fassen; es werde sicherlich später einmal wissenschaftlicher Einsicht zugänglich sein. Erst ganz am Ende seines Lebens, als er das Ausmaß der Vernichtungskatastrophe wohl zu ahnen begann, versuchte Freud in der Moses-Studie sich solcher Einsicht anzunähern und wollte dies auch öffentlich bekunden. Indem er die Entwurfsmanuskripte nicht zerstörte, hinterließ er uns den Rohstoff für zukünftige weitere Erforschung.

Drittens: Obgleich weniger offensichtlich als die *Traumdeutung*, ist *Der Mann Moses und die monotheistische Religion* nicht zuletzt ein Ergebnis von Freuds Selbstanalyse. Indem er den von Überforderung gezeichneten Text veröffentlichte und den Steinbruch der Manuskripte nicht wegräumte, wollte er uns vielleicht indirekt darauf aufmerksam machen, daß die Selbstanalyse nicht nur in der Entstehungsphase des psychoanalytischen Paradigmas ein *zentraler* Bereich seiner Forschungstätigkeit gewesen ist – gleichsam die inzwischen tradierte Auffassung[33] korrigierend, die er durch seine manifeste Betonung der Rolle der Selbstanalyse bei seinen frühen Entdeckungen und das damals weitgehend unverhüllte Veröffentlichen eigenen psychischen

---

[33] Vgl. insbesondere die auf die Frühphase konzentrierte klassische Untersuchung Didier Anzieus (1988).

Materials selbst nahegelegt hatte. In Wirklichkeit behielt die Selbstanalyse diese *herausragende* Funktion wohl lebenslang, wenn auch, entsprechend dem Leidensdruck, mit wechselnder Intensität. Gerade in Freuds gequälten allerletzten Jahren scheint sie seine späten Vorstöße in die Innenwelt-Dimension jenseits der Neurose getragen zu haben. Moses-Manuskript und Moses-Drucktext sind gleichzeitig Zeugnisse für die Tiefe der Verstörung, in die der Nazi-Terror Freud gestürzt hatte – Spuren, die er offenbar nicht löschen wollte. Ein letztes Mal demonstrierte er so an der eigenen Person einige seiner großen humanisierenden, freilich noch immer ängstigenden und kränkenden Grundeinsichten: daß die Übergänge zwischen seelischer Normalität und Pathologie fließend sind, daß die aufgrund ihrer komplexen Entwicklung lebenslang störanfällige menschliche Psyche vom Druck extremer politischer Verhältnisse verwundet werden kann und daß wir, wie es an einer Stelle (S. 573) im Moses-Buch heißt, „infantil und schutzbedürftig" bleiben – sogar als Erwachsene.

Anhang

Beschreibung der
Moses-Handschriften

Eine vollständige kritische Edition der Moses-Handschriften wird nicht rasch erscheinen können. Die folgende Beschreibung[1] mag dem Leser einige Ausblicke auf Formationen und Schichtungen, auch manche Verwerfung jenes Steinbruchs eröffnen, von dem eingangs die Rede war. Heute befinden sich die etwas mehr als zweihundert Seiten umfassenden Handschriften in der Manuscript Division der Library of Congress, Washington, D.C. (Sigmund Freud Collection). Nach dem Tode Anna Freuds sind sie Mitte der achtziger Jahre aus London nach Washington, an ihren definitiven Aufbewahrungsort, überführt worden. Sie lassen sich in drei Konvolute gliedern: Die Handschrift des „historischen Romans", die Handschrift der veröffentlichten Fassung und die Handschrift des Entwurfs von Teilen der dritten Abhandlung.

---

[1] Sie ist wesentlich ausführlicher als die in *Psyche*, Bd. 44, Juni 1990, S. 509–513, veröffentlichte. Außerdem konnten einige Korrekturen vorgenommen werden.

Die Handschrift des „historischen Romans"[2]

Obwohl die vorliegende Veröffentlichung nicht der Ort ist, die Unterschiede zwischen „historischem Roman" und Druckfassung detailliert darzustellen – hierzu wäre vermutlich eine Paralleledition beider Textfassungen erforderlich –, sei an dieser Stelle eine erste kursorische Charakterisierung mitgeteilt: Was Freud von der Frühfassung aufbewahrt hat, ist keineswegs ein völlig anderes Werk als die uns seit langem geläufige Druckfassung; vielmehr enthalten die Blätter jene Grundgedanken, die in der Druckfassung – mitunter in etwas anderer Reihenfolge – vor allem in der ersten und zweiten, vereinzelt auch im ersten Teil der dritten Abhandlung ausführlicher entfaltet, gewissermaßen üppiger orchestriert dargeboten werden. Beim Übergang von der Frühversion zur später veröffentlichten Fassung hat der Autor allerdings unverkennbar den lockereren erzählerischen Duktus zugunsten einer

---

[2] Etwa gleichzeitig mit mir befaßte sich, wie ich erst nach Abschluß meiner Vorlesung erfuhr, Yosef Hayim Yerushalmi mit der Handschrift des „historischen Romans" und veröffentlichte inzwischen die beiden ersten Seiten der Einleitungspassage (Yerushalmi, 1989, S. 392f.), ein Stück, das schon einmal von Pier Cesare Bori publiziert worden war (Bori, 1979, S. 7f.). Im Rahmen seiner Neuübersetzung des Moses-Buchs für Band 11 der *Opere di Sigmund Freud* legte Bori 1979 auch eine italienische Übersetzung des Einleitungstexts vor. In beiden Publikationen gab er dem Leser einige Informationen über die Moses-Handschriften. – Im Rahmen der Neupräsentation der Werke Sigmund Freuds im Fischer Taschenbuch Verlag ist die Erstveröffentlichung des gesamten „historischen Romans" geplant.

eher angestrengt wissenschaftlichen Argumentation mehr und mehr aufgegeben und das selbstanalytisch-autobiographische Moment zurückgenommen.

Von der Frühversion ist ein *Inhaltsplan* überliefert. Er ist, ersichtlich nicht in Freuds Handschrift, auf eine Seite eines Doppelblatts geschrieben und folgendermaßen gegliedert[3]:

Der Mann Moses.
Ein historischer Roman.

a) Hat Moses gelebt?
b) Die Herkunft Mosis.
c) Die neue Religion.
d) Der Auszug aus Aegypten.
e) Das auserwälte Volk.
f) Das Zeichen des Bundes und der Gottesname.
Kritischer Anhang.

II. Das Volk Israel.

b) Der grosse Mann.
c) Der Fortschritt in der Geistigkeit.
e) Triebverzicht

---

[3] Um dem Leser eine möglichst anschauliche Vorstellung von den Moses-Handschriften zu vermitteln, sind sämtliche folgenden Zitate aus den Manuskripten in buchstabengetreuer Transkription wiedergegeben (der Zeilenfall allerdings wird nur bei den Inhaltsplänen exakt reproduziert). Hinzufügungen meinerseits stehen in eckigen Klammern.

III. Der Wahrheitsgehalt der Religion.

b) Die Tradition.
c) Die Wiederkehr des Verdrängten.
d) Die historische Wahrheit.
e) Die geschichtliche Entwicklung.

Was von der *Handschrift des „historischen Romans"* selbst erhalten geblieben ist, betrifft freilich bloß die im ersten Abschnitt des Inhaltsverzeichnisses skizzierten Themen. Insgesamt zählt das Konvolut einundfünfzig Seiten, wobei der Text der Abschnitte a) bis f) achtundzwanzig Seiten umfaßt, der des kritischen Anhangs zehn; ein Separatmanuskript mit nicht leicht zuzuordnenden „Noten" samt „Schlüssel zu den Noten" und einem „Verzeichnis der Werke, aus denen ich hauptsächlich geschöpft habe" steht auf dreizehn Seiten.

Nicht lange nach Beginn seiner Arbeit an der Frühversion – das erste Blatt der Handschrift trägt das Datum „9.8.1934"[4] – schrieb Freud am 30. September 1934 an Arnold Zweig: „Das Zeug gliederte sich in drei Abschnitte, der erste roman-

---

[4] Vgl. Faksimile 1. Die folgenden Faksimiles sind sämtlich wesentlich verkleinert. Freud schrieb auf große Doppelbogen mit den Seitenmaßen 40 × 25 Zentimeter. Bei den Moses-Handschriften sind die Doppelbogen teils zu Einzelblättern auseinandergetrennt. Manche Seiten sind vorder- und rückseitig beschrieben, andere nur vorderseitig. Wie es seine Gewohnheit war, schrieb Freud auch die Moses-Manuskripte mit Füllfederhalter, und zur Markierung benutzte er bunte Fettstifte, hier in den Farben blau, rot und rotbraun.

Faksimile 1: Erste Seite des „historischen Romans".

haft interessant, der zweite mühselig und langwierig, der dritte gehalt- und anspruchsvoll" (S. Freud und A. Zweig, 1968, S. 102). Und wenige Tage später, am 6. November, gibt er als einen der Gründe für die „Abhaltung" von der Veröffentlichung an, „daß der historische Roman vor meiner eigenen Kritik nicht besteht [...], daß die mir wertvolle Schlußformel des Ganzen durch die Montierung auf eine tönerne[5] Basis gefährdet wird" (a.a.O., S. 108). Aus diesen Briefstellen wie aus dem Inhaltsplan geht hervor, daß Freud wohl nur den ersten Teil der Frühversion unter die Gattungsbezeichnung des historischen Romans nehmen wollte (in der Druckfassung entspräche dies deren erster und zweiter Abhandlung). Das heißt, den zweiten und dritten Teil der Frühversion hat er nicht als zum historischen Roman, gleichsam zur „tönernen Basis" gehörend aufgefaßt; diese beiden Teile entsprechen, bis in die teilweise gleichlautenden Zwischentitel, der dritten Abhandlung der Druckfassung, in die sie später sozusagen zusammengeschmolzen wurden.[6] Für die These, daß nur der erste Teil der Frühversion Freud als „historischer Roman" gegolten hat, spricht auch eine Stelle am Ende jenes ersten Teils, wo es heißt (Handschrift Seite 26): „Hiemit kann ich abschließen, was ich als den historischen Roman um den Mann Moses angekündigt habe"; eine analoge Formulierung findet sich überdies zu Beginn des anschließenden kritischen Anhangs (Hand-

---

[5] Im Druck steht an dieser Stelle irrtümlich „höhere".
[6] Vielleicht ist es auf diesen Umarbeitungsprozeß zurückzuführen, daß die Handschriften dieser Teile der Frühversion heute fehlen.

schrift Seite 28a): „Ich hatte nicht gewußt, daß es so schwer sein würde, einen ‚historischen Roman' zu verfassen. Jetzt, da er vollendet ist, mahnt mich mein Gewissen, den Maßstab nüchterner Geschichtsschreibung[7] an ihn anzulegen." Nichtsdestotrotz heißt es in einem Brief an Max Eitingon vom 27. Oktober 1934 (teilweise abgedruckt in E. Jones, 1962b, S. 232), in dem Freud mitteilt, daß der „Moses" „fertig geworden" sei: „Er trägt [...] den Untertitel: ‚Ein historischer Roman'" – und zwar der *gesamte* Text, denn Freud fährt fort: „Der Bau zerfällt [...] in drei Teile, 1) Der Mann Moses, 2) Das Volk Israel, 3) Der Wahrheitsgehalt der Religion". Da im Inhaltsplan eine klare Markierung des ersten Teils durch eine römische I und einen eigenen Titel fehlt, könnte man allerdings vermuten, Freud habe in der allerersten Entstehungsphase der Frühversion das Werk tatsächlich mit dem kritischen Anhang enden lassen wollen, sich aber binnen kurzem korrigiert und den zweiten und dritten Teil hinzukomponiert.

Für diese Hypothese scheint der Umstand zu sprechen, daß die in der *„Noten"-Handschrift* enthaltenen substantiellen Anmerkungen sich auf den überlieferten ersten Teil des „historischen Romans" beziehen. Das gilt gewiß für die im „Schlüssel zu den Noten" mit „1)" bis „15)" markierten Anmerkungstexte; lediglich die Zuordnung der mit „16)" gekennzeichneten Note scheint zweifelhaft. In ex-

---

[7] Für „Geschichtsschreibung" hatte Freud zunächst „Geschichtsforschung" geschrieben, „forsch" dann durchgestrichen und durch „schreib" ersetzt.

tenso sei aus der Noten-Handschrift hier nur die erste Anmerkung mitgeteilt, weil Freud in ihr, wie bereits erwähnt (S. 60), auf seinen früheren Moses-Essay über die Statue des Michelangelo zu sprechen kommt, also dem Leser jenen Querverweis gibt, den er in der veröffentlichten Fassung seines Alterswerks über Moses unterdrückt hat.

Im „historischen Roman" steht das Textstück, dem die Michelangelo-Note zugeordnet ist, am Ende von Abschnitt „a) Hat Moses gelebt?" und lautet: „Sie [die Heilige Schrift] schildert den Mann Moses als aufbrausend und jähzornig und führt selbst wichtige Schicksale seines Lebens auf diese Eigenschaften zurück. Und anderseits erzält sie von ihm, daß er schwer von Zunge war, so daß er in Verhandlungen sich der Hilfe seines vorgeblichen Bruders Aaron bedienen mußte. Nun sind wir darauf vorbereitet, daß die Tradition ihren großen Männern bestim̄te Charakterzüge und Schicksale verleiht, die zur Vergrößerung ihrer Persönlichkeit bestim̄t sind. Moses selbst theilt mit so vielen anderen Gründern und Stiftern – wie Sargon von Agade, Romulus, Cyrus u. A. – das Schicksal der bedrohten Geburtsgefährdeten Kindheit und wunderbaren Errettung. Aber weder Jähzorn noch die Sprachhem̄ung sind solche typische Züge, sie sind durchaus individuell, nicht als Vorzüge, sondern als Defekte zu werten und man wüßte kein Motiv anzugeben, das ihre Erfindung erklärte. Somit beugt man sich in diesen Fällen ungern vor der Treue einer Tradition, die andere Male höchst unzuverlässig erscheint, und muß noch zugestehen, daß die beiden Besonderheiten des Mannes Moses nicht übel zusamenstimmen. Wir können mitunter an unseren kleinen Kindern[8] beobachten, daß sie reizbar werden und in Zornausbrüche verfallen, solange ihnen die bequeme Verfügung über den Ausdruck in der Sprache versagt ist, und wir können uns etwa vorstellen, daß dieser Zusamenhang bei Personen wie Moses in Erstarrung fixirt worden ist. x) 1)"

Nun der Wortlaut der Anmerkung, die für diese Stelle vorgesehen war: „1) Nach meiner Deutung der Mosesstatue von Michelangelo hat der Künstler grade diesen Zug des großen Mannes in genialer Einsicht korrigirt. Er zeigt uns den über den Gotzendienst des Volkes Erzürnten, wie er sich durch die Rücksicht auf die Gesetzestafeln[9] zur Ruhe nötigen läßt. Diese müßten[10] zerschellen, wenn er seiner Leidenschaft folgend aufspringen und davonstürmen würde. Michelangelo hat dabei den Gegensatz zur Tradition[11] nicht gescheut. Einer späten Auffassung[12] hat es ubrigens beliebt, den Mann Moses als den ‚sanftmütigsten aller Menschen[']‚ hinzustellen. Ein solcher Charakter hätte ihm in seiner Wirksamkeit wenig getaugt."

---

[8] In der Handschrift „Kindern kleinen".
[9] Nach „Gesetzestafeln" steht in der Handschrift ein durchgestrichenes „abh", wohl der Beginn von „abhalten".
[10] Freud schrieb zunächst „würden", ehe er die Wiederholung des Worts am Satzende bemerkte.
[11] In einer ersten Version hieß dieser Satzteil „hat sich dabei in Gegensatz zur Tradition"; der Autor hat ihn dann aber nicht mit „gesetzt" beendet, sondern die pointiertere Formulierung gewählt.
[12] Für „Auffassung" stand zuerst „Trad", was Freud, als ihm wiederum die Wiederholung auffiel, durchstrich und ersetzte.

Auf der Linie meiner Deutung von Freuds Moses-Identifizierung könnte man aus der Note wie aus dem Textstück, dem sie zugeordnet ist, durchaus einige latente selbstanalytisch-autobiographische Konnotationen herauslesen; schließlich trat die mutmaßlich traumatische Veränderung in Freuds Frühkindheit zu einem Zeitpunkt ein, da ihm „die bequeme Verfügung über den Ausdruck in der Sprache" noch nicht zu Gebote stand.

Die Handschrift der veröffentlichten Fassung

Das Manuskript eines detaillierten Inhaltsplans für das gesamte, 1939 veröffentlichte Moses-Buch ist nicht überliefert, nicht verwunderlich angesichts der sukzessiven Stadien seiner Entstehungs- und Publikationsgeschichte. Wie erwähnt (S. 14), fehlt auch die Handschrift der ersten Abhandlung.

Das vorhandene *Manuskript der zweiten Abhandlung* ‚Wenn Moses ein Aegypter war...' umfaßt sechsundvierzig Seiten (inklusive zweier Seiten mit offensichtlich später hinzugefügten weiteren Anmerkungen). Es ist auf den „24/5 1937" datiert. Gegen Schluß findet sich ein durchgestrichener Passus, der ursprünglich wohl das Ende der zweiten Abhandlung bilden sollte, ehe Freud ihn durch die beiden letzten, uns aus der Druckfassung bekannten Sätze ersetzte, die heißen: „Eine solche Fortsetzung meiner Arbeit würde den Anschluß finden an Ausführungen, die ich vor 25 Jahren in *Totem und Tabu* niedergelegt habe. Aber ich traue mir nicht mehr die Kraft zu, dies zu leisten" (1939, S. 502). Die durchgestrichene Passage lautet stattdessen: „Allein ich weiß, daß meine Kräfte nicht mehr ausreichen, sie[13] zu lösen. Nur mit einer einzigen Bemerkung will ich auf das hindeuten, was eine Fortsetzung meiner Arbeit bringen sollte. Indem das jüdische Volk den großen Mann erschlug, der ihm die Lehre vom einzigen Gott aufdrängte, stellte es eine Wiederholung jenes vorzeitlichen Ereignisses dar, von dem die Entstehung der Religionen überhaupt ihren Ausgang nahm. Dadurch gerieten sie in den Bann von Regungen, die sie zwangen, den Dienst an der Idee des Monotheismus zum Hauptinhalt ihrer Existenz zu machen. Wer sich an die Ausführungen erinnern will, die ich vor 25 Jahren in ‚Totem und Tabu' niedergelegt habe, wird diese Andeutung leicht vervollständigen können."[14]

---

[13] Das heißt, die „verlockende Aufgabe", am „Spezialfall der jüdischen Geschichte" zu untersuchen, worin „die eigentliche Natur einer Tradition besteht und worauf ihre besondere Macht beruht, wie unmöglich es ist, den persönlichen Einfluß einzelner großer Männer auf die Weltgeschichte zu leugnen, welchen Frevel an der großartigen Mannigfaltigkeit des Menschenlebens man begeht, wenn man nur Motive aus materiellen Bedürfnissen anerkennen will, aus welchen Quellen manche, besonders die religiösen Ideen die Kraft schöpfen, mit der sie Menschen wie Völker unterjochen" (1939, S. 501 f.).

[14] In der Sigmund Freud Collection befinden sich ferner Fahnen für den Abdruck der zweiten Abhandlung in der Zeitschrift *Imago* (Bd. 23, Heft 4, S. 387–419), die Freud am „21/X 37" gelesen und mit einigen Buchstaben- und stilistischen Korrekturen versehen hat. Auch von der ersten Abhandlung (‚Moses ein Aegypter'), von der die Reinschrift fehlt, sind korrigierte Fahnen für den Abdruck in *Imago* (Bd. 23, Heft 1, S. 5–13) überliefert.

Die *Handschrift der dritten Abhandlung* umfaßt, zusammen mit einem Inhaltsplan und den beiden Vorbemerkungen, insgesamt siebenundneunzig Seiten.

Dieser *Inhaltsplan*[15] legt tatsächlich die Vermutung nahe, daß Freud zunächst die Absicht hatte, auch die dritte Abhandlung wie die erste und zweite separat zu veröffentlichen. Er lautet folgendermassen:

<u>Moses, sein Volk und die monotheistische Religion</u>
von
Sigm. Freud
Mit zwei Vorbemerkungen

Inhalt:

    Vorbemerkung I
    Vorbemerkung II
I   Die historische Voraussetzung
II Latenzzeit und Tradition
III Die Analogie
IV. Anwendung
V.   Schwierigkeiten

<u>Zweiter Theil</u>

<u>Zusam̅enfassung und Wiederholung</u>
a) Das Volk Israel
 b) Der große Mann

---

[15] Vgl. Faksimile 2. Die ersichtlich nicht mit Tinte und in lateinischen Buchstaben notierten Titelzeilen – „Titel d. III. Abhandlung", „Titel des deutschen Buchs" und „Englischer Titel" – sind mit blauem Buntstift notiert.

c) Der Fortschritt in der Geistigkeit
d) Der Triebverzicht
e) Der Wahrheitsgehalt der Religion
f) Die Wiederkehr des Verdrängten.
g) Die historische Wahrheit
h) Die geschichtliche Entwicklung

Anschließend an diese Themenfolge findet sich auf dem nämlichen Blatt, durch eine Querlinie vom Vorherigen getrennt, das Exposé der Gliederung des Buches, als sei Freud erst im zweiten Schritt die Idee gekommen, die beiden bereits veröffentlichten Abhandlungen einzubeziehen:

<u>Der Mann Moses und der Monotheismus</u>
Drei Abhandlungen
von
Sigm. Freud

I   Moses ein Aegypter
II   Wenn Moses ein Aegypter war....
III   Moses, sein Volk und die monotheistische Religion.

Davon wiederum durch eine Querlinie abgesetzt, steht auf dem Blatt auch noch die englische Titelformulierung:

<u>Moses and Monotheism</u>
by
Sigm. Freud

Es ist diese, von Freud selbst festgelegte Wendung, unter der die englische Übersetzung des Moses-

Faksimile 2: Inhaltsplan der dritten Moses-Abhandlung und Gliederung des Moses-Buchs.

Buchs 1939 bei Hogarth Press in London erschienen ist und die, ungeachtet der Neuübersetzung des Texts, auch in die *Standard Edition of the Complete Psychological Works of Sigmund Freud* (Band 23) übernommen wurde. Nach dem Manuskript zu urteilen, sollte auch die deutsche Ausgabe zunächst „Moses und der Monotheismus" heißen, ehe der Autor die beiden Worte „Der Mann" davorsetzte. Daß im deutschen Titel schließlich noch „der Monotheismus" durch „die monotheistische Religion" ersetzt wurde, mag auf Überlegungen Freuds zur Sprachmelodie zurückgehen; vielleicht mißfielen ihm an der ursprünglichen Formulierung der etwas dumpfe Gleichklang der Substantive und die Wiederholung des Artikels.

Was die *Handschriften der beiden Vorbemerkungen* betrifft, so zeigen sie im Vergleich zur Druckfassung einige Varianten. Zwei Beispiele aus der ersten Vorbemerkung seien erwähnt. Auf Seite 1 der Handschrift[16] heißt es anschließend an den Satz „In Sowjetrußland hat man es unternom̅en, etwa 100 Millionen in der Unterdrückung festgehaltener Menschen zu besseren Lebensformen zu erheben": „Man war kühn und weise genug, ihnen das Rauschgift der Religion zu entziehen und ihnen ein verständiges Maß von sexueller Freiheit zu geben [...]". Aus der Druckfassung hingegen kennen wir es anders: „Man war verwegen genug, ihnen das ‚Rauschgift' der Religion zu entziehen, und so weise, ihnen ein verständiges Maß von sexueller Freiheit zu geben [...]" (1939, S. 503). Es ist, als blitze

---

[16] Vgl. Faksimile 3.

Faksimile 3: Erste Seite der ‚Vorbemerkung I'.

in der Version der Handschrift noch einmal der militante Atheist der *Zukunft einer Illusion* auf, während in der Druckfassung sich der skeptische, profundere Religionspsychologe des Moses-Buchs durchgesetzt hat; dieser nennt den Versuch einer Abschaffung der Religion nur noch „verwegen", nicht länger „kühn und weise", und durch die Anführungszeichen distanziert er sich gleichsam von Marxens Religionsmetapher „Opium des Volks" aus ‚Zur Kritik der Hegelschen Rechtsphilosophie'. Die gleiche Bewegung dokumentiert das andere Variantenbeispiel. Wo in der Druckfassung die Charakterisierung der katholischen Kirche lautet: „Sie, bisher die unerbittliche Feindin der Denkfreiheit und des Fortschritts zur Erkenntnis der Wahrheit!" (1939, S. 504), heißt es in der Handschrift weitaus radikaler: „Sie bisher die unerbittliche Feindin der Denkfreiheit und der Beherrschung dieser Welt durch den Fortschritt zur Erkentnis der Wahrheit!"

Aus der Handschrift der ersten Vorbemerkung ist ferner zu schließen, daß Freud dieses Stück zunächst wohl nicht als eine Art Vortext konzipiert hatte; denn es geht am Ende (auf Seite 3) direkt in den eigentlichen Text der dritten Abhandlung über (beginnend mit „I. Die historische Voraussetzung"), der bei fortlaufender Paginierung mit Seite 4 beginnt. Die Überleitung bildet jene kurze Passage, die in der Druckfassung als eine Art Motto wiedergegeben ist (1939, S. 508). Im Manuskript hat Freud im nachhinein in London, unmittelbar vor diesem Überbrückungstext, notiert, daß „Hier Vorbemerkg II" einzuschalten sei; sie hatte er kurz nach

Ankunft im rettenden Exil unter dem Titel „II Im Juni 1938" auf zwei nicht paginierte Manuskriptseiten niedergeschrieben.[17] Gleichzeitig strich er auf der ersten Manuskriptseite den ursprünglichen Titel „Moses III" durch und setzte daneben „Vorbemerkungen" und darunter: „I. Vor dem März 1938". Mit dieser Datumsangabe wollte er gewiß festhalten, daß der nun als erste Vorbemerkung markierte Text vor dem „Anschluß" entstanden war, also ehe Hitler sich in Wien zujubeln ließ und Freuds Kinder von der Gestapo verhört worden waren; all dies hatte sich ja im März jenes Jahres zugetragen.

Wie diejenige der Vorbemerkungen enthält auch die *Handschrift des Haupttexts der dritten Abhandlung* einige Varianten, und zwar zumal in den Passagen, die von traumatischen Ereignissen in der Prähistorie und deren Nachwirkungen in späteren Generationen handeln, also von Freuds umstrittenen neolamarckistischen Auffassungen und dem Konzept der „archaischen Erbschaft". Hier sei eines der seltenen Beispiele für eine Verschärfung der Druckversion im Vergleich zur anfänglichen Formulierung der Reinschrift angeführt. Gegen Ende des Abschnitts ‚B Der große Mann' heißt es in der Druckfassung: „Und wenn sie dann einmal diesen ihren großen Mann erschlugen, so wiederholten sie nur eine Untat, die sich in Urzeiten als Gesetz gegen den göttlichen König gerichtet hatte und die, wie wir wissen, auf ein noch älteres Vorbild [eben die Ermordung des Urvaters] zurückging" (1939, S. 556). Statt „wie wir wissen," stand auf Seite 59

---

[17] Für die erste vgl. Faksimile 4.

Faksimile 4: Erste Seite der ‚Vorbemerkung II‘.

der Handschrift zunächst ein vorsichtigeres „vielleicht", das freilich schon im Manuskript trotzig korrigiert worden war.

Aus der Handschrift geht überdies hervor, daß der Autor anfangs offenbar die Absicht hatte, dem ersten Teil der dritten Abhandlung lediglich „Nachträge" folgen zu lassen[18], sich dann aber dafür entschied, einen eigenen „II. Theil" anzuschließen, den er mit dem uns aus der Druckfassung vertrauten, nach der Emigration verfaßten Passus ‚Zusammenfassung und Wiederholung', einer Art dritten Vorbemerkung, einleitete. Freilich hat er eine der umfangreichsten Wiederholungen, die in der Reinschrift in Abschnitt g) noch enthalten ist, nicht in die Druckfassung übernommen, wohl weil sie tatsächlich fast wortwörtlich dem Schlußstück des Abschnitts ‚Latenzzeit und Tradition' des ersten Teils der dritten Abhandlung entspricht. Andererseits fehlen an einer späteren Stelle der Reinschrift, im Abschnitt über ‚Die historische Wahrheit', jene in der Druckfassung (1939, S. 575) enthaltenen Zeilen, die den Leser ausdrücklich darauf aufmerksam machen, daß es sich im folgenden um „eine wenig abgeänderte Wiederholung der Ausführungen im ersten Teil" handele. Kürzung wie Einschaltung gehen vermutlich auf späte Entscheidungen während der Fahnenkorrektur zurück, als Freud bei kontinuierlicher Lektüre der zu verschiedenen Zeiten entstandenen Textstücke der Wiederholungscharakter besonders störend ins Auge sprang.

---

[18] Darauf weist auch das Entwurfsmanuskript hin, von dem sogleich die Rede sein wird.

Die Handschrift des Entwurfs von Teilen der dritten Abhandlung

In der Regel hat Freud seine Reinschriften anhand von Entwürfen niedergeschrieben. Doch sind nur wenige solcher Entwurfsmanuskripte überliefert (z.B. Freud, 1985). Zumeist lassen sie sich nicht zuletzt mittels eines graphischen Merkmals identifizieren: Freud pflegte die aufeinanderfolgenden Abschnitte des jeweiligen Entwurfs, sobald er sie sukzessive in der entstehenden Reinschrift berücksichtigt hatte, mit Diagonallinien durchzustreichen. Wie oben (S. 14f.) erwähnt, ist ein solches *Entwurfsmanuskript von Teilen der dritten Abhandlung* erhalten geblieben, das bis auf die Schlußpassage die charakteristischen Diagonalmarkierungen zeigt.[19] Es handelt sich um Vorstufen folgender drei Abschnitte der Druckfassung: „C. Die Analogie" (1939, S. 521–528), „D. Anwendung" (S. 528–539) und „E. Schwierigkeiten" (S. 540–548). Im Entwurf sind die Abschnitte D und E allerdings noch nicht getrennt, sondern unter dem Zwischentitel „IV Anwendung u. Schwierigkeiten" (Handschrift Seite 7) zusammengefaßt. Erst in der Reinschrift (Seite 29 und Seite 42) nahm Freud die definitive Untergliederung vor.

Das Entwurfsmanuskript umfaßt insgesamt vierundzwanzig Seiten und diente offensichtlich der

---

[19] Für die erste Seite der Entwurfshandschrift vgl. Faksimile 5. Der Text ist wie üblich mit Tinte geschrieben; die „I." in der linken Ecke hat Freud mit blauem Buntstift notiert, die diagonalen Durchstreichungen mit Rotstift vorgenommen.

Faksimile 5: Erste Seite des Entwurfs zur dritten Moses-Abhandlung.

ersten stichwortartig kargen Fixierung rasch andrängender Gedanken, ehe Freud sie in der Reinschrift auf den Seiten 20 bis 52 ausarbeitete. Es geht um jene Textstücke, deren Reinschrift, wie angedeutet, noch im Vergleich zur Druckfassung Varianten enthält und die unter anderem von dem vertrackten Thema der „archaischen Erbschaft" handeln, der Transmission von Traumatisierungen in der Aufeinanderfolge der Generationen.

Vergleicht man das Entwurfsmanuskript mit der Reinschrift, so kann man feststellen, daß Freud seine Überlegungen in der Reinschrift detaillierter und gleichsam langsamer entfaltet, die Verstehensschritte des Lesers berücksichtigend. Dabei mildert er manches im Entwurf eher apodiktisch Formulierte. Ferner fügte er beim Niederschreiben der definitiven Fassung noch ganz neue Gedanken hinzu; das gilt beispielsweise für die Passage, in der er die Ablösung des Christentums vom Judentum als Prozeß einer kulturellen Regression beschreibt und Ursachen des Antisemitismus untersucht, oder den Abschnitt, in dem metapsychologische Fragen diskutiert und verschiedene theoretische Modelle übereinandergeblendet werden, oder schließlich den Passus über mögliche phylogenetische Zuflüsse zur Sprachsymbolik und den Vergleich mit den Instinkten der Tiere.

Die fünf letzten Seiten der Entwurfshandschrift sind mit Nachträgen[20] gefüllt, aus denen Freud

---

[20] Dies ist der weitere Hinweis darauf, daß Freud den ersten Teil der dritten Abhandlung zunächst mit Nachträgen beschließen wollte, ehe er sich entschied, einen umfangreichen zweiten Teil hinzuzufügen.

dann nur wenige Punkte in der Reinschrift ausgearbeitet hat. Ausgewählte inhaltliche Stichworte wurden oben (S. 15 ff.) bereits angedeutet. Hier ist zu ergänzen, daß diese stark abgekürzten, passagenweise schwer verständlichen Nachtragsnotizen überdies Andeutungen über das Verhältnis von Notwendigkeit und Zufälligkeit, von Konstitutionellem und Akzidentellem enthalten, und zwar sowohl in der Phylogenese als auch in der Ontogenese. Selbst bezüglich der Traumen stellt Freud fest, daß „einige unvermeidlich, andere wie äußere Schicksale d. Person" seien. Von hier aus setzt er seine Reflexionen über „Urphantasien d. Menschheit" fort, über die „Person d. Urvaters", „die Idee des groß[en] Mannes", die Imago des „heldenhaften Sohnes". Beispielsweise: „Der große Mann, an den sich Relig[ions]stift[un]g anknüpft[,] muß zu Zufalligk[eit] gerechnet werden. Nicht zu sagen, wañ er erscheint, die Ereigniß[e] warten aber auf sein Erscheinen. Wahrsch[einlich] ist der groß[e] Mañ einer mit besonderer Erbschaft, den es drängt, eine der That[en] der Urzeit zu agiren[,] zu wiederholen u[nd] der so Er[innerung] an dies Ereignis bei anderen weckt. Diese That[en] sind, er wirft sich selbst z. Urvater[-]Tyrañen auf oder realisirt die phantasirte Rolle des Heldensohnes oder beides. Moses, Moh[ammed] Beispiel vom ersten, der von Paulus konstruirte Christus vom zweiten." In einer Variation seiner kulturtheoretischen Überlegungen stellt Freud sodann fest, daß die Verquickung von Ethik und Religion „nicht notwendig scheint". „Gottlose köñen hochmoralisch sein, Frome aller Verbrechen fähig." Das sei „tägliche Erfahr[un]g". Indessen sei die Verquickung aus historischem Anlaß entstanden. „Moral = Entscheid[un]g, was man thun, vor allem was man nicht thun darf", gehe ursprünglich auf den Willen, die Willkür des Urvaters zurück. Auch die Verpflichtungen, die sich die Brüder auferlegt hätten, zumal das Gebot der „Exogamie u. Totemschonung", geschähen „gleichsam im Namen des Vaters, in Fortsetz[un]g seines Willens"; „Vaters Vorschriften nach seinem Wegfall zu halten, war soziale Notwendigkeit". Und: „Was auf seinen Willen zurückgeht, wird heilig gesprochen." Die rationale Auffassung des Moralischen versäume „dies Moment der Heiligkeit aus [der] Quelle des Vaterwillens[,] den mystisch[en] Hintergrund der Ethik".

Dies also eine erste, nicht weiter kommentierte Inhaltsskizze jener nicht zuletzt im Hinblick auf Freuds kreativen Prozeß aufschlußreichen Entwurfshandschrift.

Bibliographie

Abraham, K. (1912): ‚Amenhotep IV. (Echnaton); Psychoanalytische Beiträge zum Verständnis seiner Persönlichkeit und des monotheistischen Aton-Kultes'. In: K. Abraham, *Psychoanalytische Studien*, Bd. 2. Hg. von J. Cremerius, Reihe ‚Conditio humana', Frankfurt (S. Fischer) 1971, 329–359.

Anzieu, D. (1988 [1959]): *L'auto-analyse de Freud et la découverte de la psychanalyse*. Paris (Presses Univ. de France). Dritte, neu bearbeitete Ausgabe der zweibändigen ersten Fassung des Buches von 1959.

Bakan, D. (1958): ‚Moses in the Thought of Freud'. *Commentary*, 26, 322–331.

Benjamin, W. (1980 [1935]): Unveröffentlichter Brief an Gretel Adorno vom 9. Oktober 1935. Auszugsweise abgedruckt in: W. Benjamin, *Gesammelte Schriften*, Werkausgabe, Bd. 6. Hg. von R. Tiedemann. Frankfurt (Suhrkamp), 952f.

Bergmann, M.S. (1976): ‚Moses and the Evolution of Freud's Jewish Identity'. *Israel Ann. Psychiat.*, 14, 3–26.

Blum, H.P. (1991): ‚Freud and the Figure of Moses: The Moses of Freud'. *J. Amer. Psychoanal. Assn.*, 39, 513–535.

Bori, P.C. (1979): ‚Una pagina inedita di Freud. La premessa al romanzo storico su Mosè'. *Rivista di storia contemporanea*, 8, 1–17.

Dali, S. (1942): *The Secret Life of Salvador Dali*. New York (Dial Press).

Freud, A., E. Bibring, W. Hoffer, E. Kris und O. Isakower (1941): ‚Vorwort der Herausgeber'. In: S. Freud, *Gesammelte Werke* (G. W.), Bd. 17, VII–IX.

Freud, E., L. Freud und I. Grubrich-Simitis (1976): *Sigmund Freud. Sein Leben in Bildern und Texten*. Frankfurt (Suhrkamp).

Freud, S. (1899): ‚Über Deckerinnerungen'. G. W., Bd. 1, 531–554.

– (1900): *Die Traumdeutung*. Studienausgabe, Bd. 2, 21–588.

– (1901): *Zur Psychopathologie des Alltagslebens*. G. W., Bd. 4, 3–310.

– (1908 [1907]): ‚Der Dichter und das Phantasieren'. Studienausgabe, Bd. 10, 171–179.

– (1910): ‚Über einen besonderen Typus der Objektwahl beim Manne'. Studienausgabe, Bd. 5, 187–195.

– (1912–13): *Totem und Tabu*. Studienausgabe, Bd. 9, 291–444.

– (1914a): ‚Der Moses des Michelangelo'. Studienausgabe, Bd. 10, 197–222.

– (1914b): ‚Zur Einführung des Narzißmus'. Studienausgabe, Bd. 3, 41–68.

– (1916–17 [1915–17]): *Vorlesungen zur Einführung in die Psychoanalyse*. Studienausgabe, Bd. 1, 37–445.

– (1917 [1916]): ‚Eine Schwierigkeit der Psychoanalyse'. G. W., Bd. 12, 3–12.

– (1919): Vorrede zu Theodor Reik, Probleme der Religionspsychologie, I. Teil: *Das Ritual*. G. W., Bd. 12, 325–329.

– (1923): *Das Ich und das Es*. Studienausgabe, Bd. 3, 282–330.

– (1925 [1924]): „*Selbstdarstellung*". G. W., Bd. 14, 33–96.

– (1927): *Die Zukunft einer Illusion*. Studienausgabe, Bd. 9, 139–189.

– (1930 [1929]): *Das Unbehagen in der Kultur*. Studienausgabe, Bd. 9, 197–270.

– (1934 [1930]): Vorrede zur hebräischen Ausgabe von *Totem und Tabu*. Studienausgabe, Bd. 9, 293.

- (1935): ‚Die Feinheit einer Fehlhandlung'. G.W., Bd. 16, 37–39.
- (1936): ‚Brief an Romain Rolland: Eine Erinnerungsstörung auf der Akropolis'. Studienausgabe, Bd. 4, 285–293.
- (1937a): ‚Die endliche und die unendliche Analyse'. Studienausgabe, Ergänzungsband, 357–392.
- (1937b): ‚Konstruktionen in der Analyse'. Studienausgabe, Ergänzungsband, 395–406.
- (1939 [1934–38]): *Der Mann Moses und die monotheistische Religion.* Studienausgabe, Bd. 9, 459–581.
- (1940a [1938]): ‚Die Ichspaltung im Abwehrvorgang'. Studienausgabe, Bd. 3, 391–394.
- (1940b [1938]): *Abriß der Psychoanalyse.* G.W., Bd. 17, 65–138.
- (1940c [1938]): ‚Some Elementary Lessons in Psycho-Analysis'. G.W., Bd. 17, 141–147.
- (1945–46 [1938]): Briefe an Yisrael Doryon. G.W., Nachtragsband, 786–788.
- (1960): *Briefe 1873–1939.* Hg. von E. und L. Freud. Frankfurt (S. Fischer).
- (1985 [1915]): *Übersicht der Übertragungsneurosen. Ein bisher unbekanntes Manuskript.* Hg. und mit einem Essay versehen von I. Grubrich-Simitis. Frankfurt (S. Fischer).
- (1986): *Briefe an Wilhelm Fließ 1887–1904.* Ungekürzte Ausgabe. Hg. von J.M. Masson. Bearbeitung der dt. Fassung von M. Schröter. Frankfurt (S. Fischer).
- (1987): *Nachtragsband* [zu G.W.]. *Texte aus den Jahren 1885 bis 1938.* Hg. von A. Richards, unter Mitwirkung von I. Grubrich-Simitis. Frankfurt (S. Fischer).
- (1989): *Jugendbriefe an Eduard Silberstein.* Hg. von W. Boehlich. Frankfurt (S. Fischer).
–, und L. Andreas-Salomé (1966 [1912–36]): *Briefwechsel.* Hg. von E. Pfeiffer. Frankfurt (S. Fischer).
–, und C.G. Jung (1974 [1906–23]): *Briefwechsel.* Hg. von W. McGuire und W. Sauerländer. Frankfurt (S. Fischer).
–, und A. Zweig (1968 [1927–39]): *Briefwechsel.* Hg. von E.L. Freud. Frankfurt (S. Fischer).

Bibliographie

Gay, P. (1989): *Freud. Eine Biographie für unsere Zeit.* Frankfurt (S. Fischer).

Grubrich-Simitis, I. (1985): ‚Metapsychologie und Metabiologie'. In: S. Freud (1985 [1915]), 85–119.

– (1987): ‚Trauma oder Trieb – Trieb und Trauma'. *Psyche*, *41*, 992–1023.

Hardin, H. T. (1987): ‚On the Vicissitudes of Freud's Early Mothering. I. Early Environment and Loss'. *Psa. Quart.*, *56*, 628–644.

– (1988): ‚On the Vicissitudes of Freud's Early Mothering. II. Alienation from his Biological Mother'. *Psa. Quart.*, *57*, 72–86. ‚III. Freiberg, Screen Memories, and Loss'. A. a. O., 209–223.

Jones, E. (1962a): *Das Leben und Werk von Sigmund Freud.* Bd. 2. Bern, Stuttgart (Huber).

– (1962b): *Das Leben und Werk von Sigmund Freud.* Bd. 3. Bern, Stuttgart (Huber).

Klein, D. B. (1985): *Jewish Origins of the Psychoanalytic Movement.* Chicago, London (Univ. Chicago Press).

Mann, T. (1936): ‚Freud und die Zukunft'. In: *Gesammelte Werke in zwölf Bänden*, Bd. 9. Frankfurt (S. Fischer), 478–501.

– (1943): ‚Das Gesetz'. In: *Gesammelte Werke in zwölf Bänden*, Bd. 8. Frankfurt (S. Fischer), 808–876.

– (1980): *Tagebücher 1937–1939.* Hg. von P. de Mendelssohn. Frankfurt (S. Fischer).

– (1982): *Tagebücher 1940–1943.* Hg. von P. de Mendelssohn. Frankfurt (S. Fischer).

– (1988): *Briefwechsel mit Autoren.* Hg. von H. Wysling. Frankfurt (S. Fischer).

McGrath, W. J. (1986): *Freud's Discovery of Psychoanalysis. The Politics of Hysteria.* Ithaka, London (Cornell Univ. Press).

Nunberg, H. und E. Federn (Hg.) (1977): *Protokolle der Wiener Psychoanalytischen Vereinigung.* Bd. 2. Frankfurt (S. Fischer).

Philippson, J. (1962): ‚The Philippsons, a German-Jewish Family'. Publications of the Leo Baeck Institute. Year Book, 7, 95–118.

Philippson, L. (Hg.) (1858): *Die Israelitische Bibel.* Zweite Ausgabe. Leipzig (Baumgärtner's Buchhandlung).

- (1911): *Gesammelte Abhandlungen.* 2 Bde. Leipzig (Gustav Fock).
Reik, T. (1919): *Probleme der Religionspsychologie. I. Teil: Das Ritual.* Internationale Psychoanalytische Bibliothek, Bd. 5. Leipzig, Wien (Int. Psa. Verlag). Zweite, erweiterte Auflage unter dem Titel: *Das Ritual. Psychoanalytische Studien.* Leipzig, Wien, Zürich 1928 (Int. Psa. Verlag).
Robert, M. (1975): *Sigmund Freud – zwischen Moses und Ödipus. Die jüdischen Wurzeln der Psychoanalyse.* München (List).
Sajner, J. (1968): ‚Sigmund Freuds Beziehungen zu seinem Geburtsort Freiberg (Příbor) und zu Mähren'. *Clio Medica, 3,* 167–180.
- (1981): ‚Drei dokumentarische Beiträge zur Sigmund-Freud-Biographik aus Böhmen und Mähren'. *Jb. Psa., 13,* 143–152.
- (1988): ‚Die Beziehungen Sigmund Freuds und seiner Familie zu dem mährischen Kurort Rožnau'. *Jb. Psa., 24,* 73–96.
Schur, M. (1973): *Sigmund Freud. Leben und Sterben.* Frankfurt (Suhrkamp).
Yerushalmi, Y. H. (1989): ‚Freud on the „Historical Novel": From the Manuscript Draft (1934) of *Moses and Monotheism'. Int. J. Psycho-Anal., 70,* 375–395.
Zweig, A. (1942): ‚Ein Sinai-Rätsel'. *Orient, 3* (1), 5–6, (2) 3–5, (3) 6–9.

Verzeichnis der Abbildungen

Abbildung 1: Ansichtskarte Sigmund Freuds vom 13. September 1913, Vorder- und Rückseite. (Die Reproduktion ist Frau Dr. Irblich von der Österreichischen Nationalbibliothek, Handschriften und Inkunabel-Sammlung, Wien, zu verdanken.)

Faksimile 1: Erste Seite des „historischen Romans".
Faksimile 2: Inhaltsplan der dritten Moses-Abhandlung und Gliederung des Moses-Buchs.
Faksimile 3: Erste Seite der ‚Vorbemerkung I'.
Faksimile 4: Erste Seite der ‚Vorbemerkung II'.
Faksimile 5: Erste Seite des Entwurfs zur dritten Moses-Abhandlung.

Sigmund Freuds Copyrights, Colchester, und der S. Fischer Verlag erteilten freundlicherweise die Erlaubnis, diese Dokumente hier abzudrucken.

Aus den Veröffentlichungen von Ilse Grubrich-Simitis

1969– Herausgabe der Buchreihe *Conditio humana*; *Er-*
1975 *gebnisse aus den Wissenschaften vom Menschen* (zusammen mit Thure von Uexküll). Im Rahmen dieser Reihe erschienen u. a. die Sigmund Freud Studienausgabe sowie Werke Karl Abrahams, Sándor Ferenczis und Anna Freuds. S. Fischer Verlag, Frankfurt/Main.

1971 ‚Sigmund Freuds Lebensgeschichte und die Anfänge der Psychoanalyse'. In: *Neue Rundschau*, Band 82, Heft 2, S. 311–333.

1971 Edition und Kommentierung von Sigmund Freud *„Selbstdarstellung"; Schriften zur Geschichte der Psychoanalyse*. Fischer Taschenbuch Verlag, Frankfurt/Main.

1975 Herausgabe des Ergänzungsbandes der Sigmund Freud Studienausgabe, *Schriften zur Behandlungstechnik* (zusammen mit Alexander Mitscherlich, James Strachey und Angela Richards). S. Fischer Verlag, Frankfurt/Main.

1976 *Sigmund Freud; Sein Leben in Bildern und Texten* (zusammen mit Ernst Freud und Lucie Freud). Gestaltet von Willy Fleckhaus. Suhrkamp Verlag, Frankfurt/Main. 1985 broschierte Ausgabe gleichfalls im Suhrkamp Verlag; 1989 Taschenbuchausgabe im Insel Verlag, Frankfurt/Main.

1978 Amerikanische Ausgabe: *Sigmund Freud; His Life in Pictures and Words*. Harcourt Brace Jovanovich, New York und London. (1985 Paperbackausgabe bei W. W. Norton, New York und London.)

1978 Englische Ausgabe unter demselben Titel bei André Deutsch, London.

1978 Italienische Ausgabe: *Sigmund Freud; Biografia per immagini*. Editore Boringhieri, Turin.

1979 Dänische Ausgabe: *Sigmund Freud; Hans liv i billeder og tekster*. Lademann, Kopenhagen.

1979 Französische Ausgabe: *Sigmund Freud; Lieux, visages, objets*. Editions Complexe, Brüssel; Gallimard, Paris.

1979 Spanische Ausgabe: *Sigmund Freud; Su Vida en Imagenes y Textos*. Editorial Paidós, Buenos Aires, Barcelona.

Portugiesische Ausgabe in Vorbereitung.

1977 Edition der Faksimilesausgabe von Sigmund Freud *Das Motiv der Kästchenwahl* (mit ‚Notizen zum Manuskript'). S. Fischer Verlag, Frankfurt/Main.

1978 Edition von Sigmund Freud *Werkausgabe in zwei Bänden* (zusammen mit Anna Freud). Band 1: *Elemente der Psychoanalyse*; Band 2: *Anwendungen der Psychoanalyse*. S. Fischer Verlag, Frankfurt/Main.

1979 ‚Extremtraumatisierung als kumulatives Trauma; Psychoanalytische Studien über seelische Nachwirkungen der Konzentrationslagerhaft bei Überlebenden und ihren Kindern'. In: *Psyche*, Band 33, Heft 11, S. 991–1023.

    1981 Englisch: ‚Extreme Traumatization as Cumulative Trauma'. In: *The Psychoanalytic Study of the Child*, Band 36, S. 415–450.

1980 ‚Sigmund Freud/Sándor Ferenczi: Sechs Briefe zur Wechselbeziehung von psychoanalytischer Theorie und Technik'. In: Gemma Jappe und Carl Nedelmann (Hg.), *Zur Psychoanalyse der Objektbeziehungen*. Frommann-Holzboog, Stuttgart Bad Canstatt.

    1983 Französisch: ‚Sigmund Freud/Sándor Ferenczi; Six lettres relatives au rapport réciproque entre théorie et technique psychanalytique'. In: *Le Coq-Héron*, Nr. 88, S. 11–40.

    1986 Erweiterte englische Fassung: ‚Six Letters of Sigmund Freud and Sándor Ferenczi on the Interrelationship of Psychoanalytic Theory and Technique'. In: *The International Review of Psycho-Analysis*, Band 13, Part 3, S. 259–277.

1981 ‚Siegfried Bernfeld: Historiker der Psychoanalyse und Freud-Biograph'. In: *Psyche*, Band 35, Heft 5, S. 397–434.

1981 Herausgabe, Übersetzung und Einleitung von Siegfried Bernfeld/Suzanne Cassirer Bernfeld *Bausteine der Freud-Biographik*. Suhrkamp Verlag, Frankfurt/Main. 1988 Taschenbuchausgabe im Rahmen von Suhrkamp Taschenbuch Wissenschaft.

     1991 Italienisch: *Per una biografia di Freud*. Bollati Boringhieri Editore, Turin (im Druck).

1983 Zwei Beiträge zur Anna-Freud-Gedenkausgabe des *Bulletin of the Hampstead Clinic*, Band 6, Part 1, S. 43–46 und S. 82–86.

1984 ‚Vom Konkretismus zur Metaphorik; Gedanken zur psychoanalytischen Arbeit mit Nachkommen der Holocaust-Generation'. In: *Psyche*, Band 38, Heft 1, S. 1–28.

     1984 Englisch: ‚From Concretism to Metaphor; Thoughts on Some Theoretical and Technical Aspects of the Psychoanalytic Work with Children of Holocaust Survivors'. In: *The Psychoanalytic Study of the Child*, Band 39, S. 301–319.

1985 Edition und Kommentierung von Sigmund Freud *Übersicht der Übertragungsneurosen; Ein bisher unbekanntes Manuskript* (mit dem Essay ‚Metapsychologie und Metabiologie'). S. Fischer Verlag, Frankfurt/Main.

     1986 Französische Ausgabe: *Vue d'ensemble des névroses de transfert. Un essai métapsychologique*. Gallimard, Paris.

     1986 Italienische Ausgabe: *Sintesi delle nevrosi di traslazione; Un manoscritto inedito*. Editore Boringhieri, Turin.

1987 Angloamerikanische Ausgabe: *A Phylogenetic Fantasy; Overview of the Transference Neuroses*. The Belknap Press of Harvard University Press, Cambridge, Mass., und London.

1987 Brasilianische Ausgabe: *Neuroses de Transfêrencia: Uma Síntese*. Imago Editora, Rio de Janeiro.

1989 Spanische Ausgabe: *Sinopsis de las neurosis de transferencia; Ensayo de metapsicología*. Editorial Ariel, Barcelona.

1986 ‚Gedanken über Sigmund Freuds Beziehung zur deutschen Sprache und Aufklärungstradition'. In: *Jahrbuch der Psychoanalyse*, Band 19, S. 54–67 (Vortrag auf dem 34. Internationalen Psychoanalytischen Kongreß in Hamburg 1985).

1986 Englisch: ‚Reflections on Sigmund Freud's Relationship to the German Language and to some German-Speaking Authors of the Enlightenment'. In: *The International Journal of Psycho-Analysis*, Band 67, Part 3, S. 287–294.

1987 Herausgabe (zusammen mit Angela Richards) und Einleitung von Sigmund Freud *Nachtragsband; Texte aus den Jahren 1885 bis 1938* zu den *Gesammelten Werken*. S. Fischer Verlag, Frankfurt/Main.

1987 ‚Trauma oder Trieb – Trieb und Trauma; Lektionen aus Sigmund Freuds phylogenetischer Phantasie von 1915'. In: *Psyche*, Band 41, Heft 11, S. 992–1023. (Erweiterte Fassung der Thirty-Seventh Freud Anniversary Lecture am 28. April 1987, Academy of Medicine, New York.)

1988 Englisch: ‚Trauma or Drive – Drive and Trauma; A Reading of Sigmund Freud's Phylogenetic Fantasy of 1915'. In: *The Psychoanalytic Study of the Child*, Band 43, S. 3–32.

1989 ‚Zur Geschichte der deutschsprachigen Freud-Ausgaben'. In: *Psyche*, Band 43, Hefte 9 und 10, S. 773–802 und S. 889–917. (Wesentlich erweiterte Fassung eines Vortrags auf dem 35. Internationalen Psychoanalytischen Kongreß in Montreal 1987).

1991 Französisch: ‚Histoire de l'édition des œuvres de Freud en langue allemande'. In: *Revue internationale d'histoire de la psychanalyse*, Band 4, S. 13–70.